直接きいてわかった開運あれこれ

桜井識子

神様が教えてくれた金運のはなし

幻冬舎

神様が教えてくれた金運のはなし

直接きいてわかった開運あれこれ

桜井識子

はじめに

この本を手に取っていただき、ありがとうございます。

私のもとには、読者の方から多くのメッセージが届きます。また、出版社さん経由でお手紙もたくさんいただきます。

ありがたい励ましやお礼の言葉をはじめ、読者さんご自身の神社仏閣訪問記、不思議な体験をされたお話など、内容はバラエティに富んでいます。

中でも圧倒的に多いのが質問です。その質問も、単に「金運アップをするにはどうしたらいいのでしょうか」と書かれているわけではありません。ご自分の生活が苦しいこと、その理由から状況までを切々と綴っておられ、最後に「いつまでこのような状態が続くのでしょうか？」「どこの神様にお願いをすれば金運アップができますか？」というふうに書かれています。

お仕事がうまくいかない、お店や会社を始めたけれどなかなか軌道に乗らない、人生自体が低迷している……など、深刻な悩みを先に書いておられ、最後に、どうすればうまくいくのでしょうか？　なにか好転させるコツはありませんか？　と質問をされます。

そのようなメッセージやお手紙を読むたびに、手っ取り早く開運する方法、金運アップする方法はないのか……と、ずっと思ってきました。

この本は私が今、知っている金運アップ法や成功運を上げるコツについてお伝えしています。私は白ヘビの神様にお金の念の垢を落としてもらって、ロト6の3等を当てました。私が当たった回は22万円でしたが、違う回だったら140万円手に入っていたかもしれない当たりの等級です。これだけのお金があれば、ピンチを切り抜けられる、という方も多いのではないかと思います。

たとえささやかなコツでも、知っていれば実践できます。私のように臨時収入として宝くじが当たったりもします。でも知らなければ、やってみることすらできません。

開運に関するコツをいろいろと書いていますので、興味がおありの方はチャレンジしてみてはいかがかと思います。

運気の上昇を邪魔する存在のことも書いています。私はそんな「魔」とは関係ないわ、と今は思われていても、いつ自分の身に降りかかってくるかわかりません。そのようなものがいること、その予防対策を知ることは大切だと思います。知っているのと知らないのとでは天と地ほどの差があるからです。

去年、東北地方の神仏に関しての本を書きました。東日本大震災の時に神仏は何をされていたのか、どうして大勢の人が亡くなることになったのか、なぜ神仏は助けることができなかったのか……そこを書きました。

本を読まれた方からさまざまな感想をいただきましたが、「東北の内陸部の神様も疲弊しているのでしょうか？　そちらのことも教えて下さい」「内陸部で願掛けをしてもよい神社はどこですか」などの質問も少なからずありました。

東北には素晴らしい神様仏様がたくさんおられます。珍しい妖怪もいます。本書でご紹介しているのはほんの一部ですが、元気をもらえたり、癒されたり、金運をもらえたりしますので、こちらも興味を持たれた方は是非お出かけになってみて下さい。

皆様の生活が少しでも上向きになりますように、悩みが一つでも消えますように、お役に立てますように、と思って、この本を書きました。さらに、皆様の人生がより良いものになりますように、と心からの祈念も込めております。この思いが、皆様のお手元に届くことを切に願っております。

桜井識子

神様が教えてくれた金運のはなし　目次

第2章 成功運のつかみ方

第3章 開運を妨げる「魔」を寄せつけない

第5章 あの世とこの世を繋ぐ恐山

第6章 摩訶不思議な東北

第1章

金運がよくなるちょっとしたコツ

白ヘビの神様と、お金につく〝念の垢〟

波動の風が吹き下りる早池峰山

その日、私は岩手県の太平洋側から「いわて花巻空港」に車で向かっていました。東北での取材を終え、当時住んでいた関西に帰る予定だったのです。フライト時間まで少し余裕があったので、山間部である早池峰山《はやちねさん》のふもとを通るルートで走っていました。

脈絡なくこの道路を走ろうと思ったのではなく、理由がありました。

それより3ヶ月ほど前に、遠野《とおの》に取材に行きました。遠野といえば早池峰山なのですが、春先の取材だったせいで遠野はまだ雪が深く、早池峰山のふもとに行く道路が閉鎖されていたのです。この山の神様に会いたいという思いをどうしてもあきらめきれず、どこか抜け道的な道路はないものかと車でいろいろと走ってみましたが……想像以上に雪が深く積もっていて断念せざるをえなかったのでした。

それから3ヶ月後のこの日は、登山をすることは時間的に無理でしたが、ふもとを通ればどのような山なのか、どんな神様がいらっしゃるのか、知ることはできます。神様にご挨拶もできます。それで十分だと思った私は張り切って山の中へと入って行きました。

事前に地図を確認した時はそんなに狭い道に見えなかった道路でしたが……実際に走ってみたら「ひ〜え〜！」と叫ぶくらい狭いところがありました。ここで対向車が来たら延々とバックしなきゃだな、と思いつつ運転をしていたのですが、その対向車には1台も出合いませんでした。走っても走っても私の車だけなのです。お天気はいいし、のどかな山道をピクニック気分で運転していました。

車はどんどん山の奥へ奥へと進みます。山の奥深い場所で何気なくカーブを曲がった時でした。道の真ん中に、なんと！　子熊がいたのです！　慌ててブレーキを踏みましたが、ありえない状況に「！」と、固まると、子熊のほうも「ん？」とこちらを見て、バッチリと目が合いました。

子熊は「あ、やべ！」と思ったのか、急いで道の脇にある草むらに隠れました。パンダの子どもの黒バージョンといったふうで、お尻をフリフリしながら歩いていて、ものすごーく可愛かったです。ちなみに母熊はそばにいませんでした。

早池峰山の神様が歓迎してくれてるんだな〜、ありがたいな、と思いつつも、スピードを出していたら轢《ひ》いていたんじゃなかろうか、とあとからビビリました。たまたまのんびり運転していて良かったです。

早池峰山の「小田越《おだごえ》登山口」には、車がところ狭しと路上に停めてあり、登山の準備を整えている人がちらほらいました。私も、30分、いや15分でいいから登山道を歩きたい、と車を降りたのですが……ジーンズにTシャツ、スニーカーというフツーの格好をしていたのでそこにいた数人にジロジロと見られました。当然です。本格的に険しい山なので、皆さん重装備なのです。

怪訝そうな面持ちで見られるので、いえ、違うんです、私は登山はしませんよ、写真を撮っているだけなんです〜、と、ド派手にアピールしつつ、景色をカメラに収めました。ちょっとだけでもいいから歩きたい、というのが本音でしたが、歩き始めると親切な人に「そんな格好じゃ危険よ」と声をかけられそうだったので、やめておきました。優しい人に心配をさせてしまうのは申し訳ないと思ったからです。

木漏れ日がキラキラする林道をふたたびドライブして、メインである「河原の坊登山口」の駐車場に着きました。このコースは、2016年5月の大雨によって登山道の一部が崩落し、通行ができない状態になっていました。登山口には通行止めの看板が置かれ、ロープも張られていましたから一歩も入ることはできません。でも、誰もいないので思う存分写真を撮ったり、早池峰山の神様にご挨拶ができます。

登山道入口から見上げると、そこには堂々とした早池峰山がそびえ立っています。とっても気持ちの良い場所です。ここでしっかりと神様と会話ができますし、山頂から神様の波動の風が吹き下りています。波動の風は、悪いものをはじき飛ばし、人間の波動を上げてくれるありがたいものです。山に登らなくてもここでも十分恩恵をいただけることを確認しました。

早池峰神社にいた超強力な神様

さらに西へ走って早池峰山のふもとを通り越したところに「早池峰神社」がありました。同名の神社が遠野にもあって、そちらは遠野を訪れた時にすでに参拝していました。同じ名前だから同じような神社なのかと思ったら、「気」が全然違います。

こちらの早池峰神社は、早池峰山の神様の波動がストレートに届きます。すごーい！と叫ばずにはいられないくらい、高濃度です。

県道25号線を東側から車で行くと、左手に鳥居と「東参道」と書かれた柱が見えてきます。ここから入ると駐車場があるのね、と勘違いをした私はそのまま車で細い道を入りました。行き止まりの非常に狭いスペース（本殿の横です）に車を置きましたが、ここに停めてしまうと出る時にものすごく苦労します。車は東参道には入れず、第一鳥居を越えたところにある駐車場に置かれることをおすすめします。

車を降りて境内に入ると、立派な拝殿が目に飛び込んできます。古くて歴史を感じさせる建物で、「ほ〜」と見上げて観察しましたが、拝殿・社殿というよりも〝お堂〟でした。昔はお寺だったのだな、とひと目でわかる雰囲気です。扁額にも「早池峰山大権現」と書かれていました。拝殿後方にある本殿も、拝殿に比べるとかなり木材が新しかったので、明治の神仏分離後に建てられたのかもしれません。

まずは存分に早池峰山の神様の「気」を浴びました。境内でも、登山をした時のような爽快感に包まれる……それくらい早池峰山と繋《つな》がっています。充電もバッチリです。

神様には河原の坊登山口でご挨拶や自己紹介をすでに済ませ、会話も交わしているので、拝殿では形式的に手を合わせるだけにして、あとは境内を見せていただくことにしました。

とりあえず、表参道の一の鳥居まで行ってみよう、と思ったその時でした。

キラキラと輝くような強いパワーが感じられます。あれ？　一体どこから？　と見ると、拝殿に向かって右側から流れてきています。本殿および拝殿は早池峰山の神様の「気」ですが、それとは違う種類なのです。でも、大きなパワーです。

右奥に行ってみると、鳥居があって「白龍社」と書かれていました。

へぇ～、白い龍なのか……と鳥居の扁額を見上げていたら、とても大きな白ヘビが鳥居の上の空間に現れました。大蛇クラスの大きさです。体も太くて、パワーも強烈ですし、赤い目をしています。その白ヘビが上から私を見下ろしているのです。すごい迫力！　です。畏怖《いふ》の念を抱かずにはいられないオーラを発していました。

鳥居の向こうには、狭いスペースに石で組まれた祭壇があって、その上にはお賽銭箱、小さな石仏が数体、龍の置物が置かれていました。お世辞にもキレイとは言えない祭壇で……地元の人がたま～に気が向いたらお参りしています、それも大勢ではなくほんの数

人の信仰です、という感じでした。白ヘビの神様には申し訳ないのですが、さびれているな、という印象を持ちました。

ふと祭壇の横を見ると、小川が流れています。おぉ〜、これって、ものすごーーーくラッキーなのでは！　と思いました。というのは、見えない世界の白ヘビは、お金の念の垢を落とす力を持っているからです。

〝念の垢〟を落とせるのは白ヘビだけ

私の本を初めて読まれる方のために説明を致しますと……。

お金には、そのお金が渡り歩いてきた人々、つまりそのお金を過去に持っていた人々の念が蓄積しています。こびりついているのです。お金に対する執着が念としてくっついているので、なかなか消えません。

手にしている現金だけでなく、口座のお金もそうです。お給料として振り込まれたお金も降ってわいたものではなく、軌跡があるからです。ですから、お給料を口座から引き出す時に全額新券でもらったとしても念の垢はついています。

念の垢はそのままでも何か障《さわ》りがあるというわけではないのですが、この念のせいで若干持てる金額が減ります。

たとえば、100万円貯金ができた、それくらいの金銭的余裕ができた、という人がいたとします。実際に口座にあるのは100万円ですが、実は天に認められた容量は130万円だったり150万円だったりします。見えない世界で許可が下りた自分のお金の余裕額は、本当は100万円より大きいのです。

しかし、お金にこびりついている念の垢が、30万円分、または50万円分の容量を使っているため、100万円しか持てない……というわけです（金額はたとえです。実際は念の垢の大きさや強さなどで容量はまちまちです。本来なら30万円持てるところ、貯金が5万円で念の垢が25万円分の場所を取っている、ということもあります）。この念の垢を落とす、というのが、簡単な金運アップの方法です。

念の垢が落ちたお金はクリアになりますから、お金のお友だちを引き寄せやすいため、そこから先も徐々にお金が入ってきます。

では、どうやって念の垢を落とせばいいのか……。この念の垢を落とせる力を持っているのが、さきほど書きましたように、見えない世界の白へビです。どの白へビも同じ力で落とせるのかというとそうではなく、しっかりクリアにできる白へビと、うっすら垢を残してしまう、落とすのが下手な白ヘビがいます。ですから、白ヘビの落とす力を見極めることもコツの一つかと思います。

お金を洗う場所が境内に設けてある神社仏閣でも、そこに白ヘビがいなければ、ただ水で洗うだけとなります。念の垢は神様や仏様が落とすのではなく、白ヘビのお仕事だからです。白ヘビが専門です。

お金を洗うときのコツ

話を早池峰神社に戻しまして……実際に白ヘビがいて、それも大蛇クラスの神格が高い白ヘビです。その神域に小川が流れているのです（小川と言っていいのか悩むほどの小ささでした。せせらぎという感じです）。ここでお金を洗わずに帰るのはもったいない！　と思いました。「白龍社」となっているせいか、小川には白い龍の置物が置かれていました。お財布から500円玉と千円札を出して、じゃぶじゃぶと洗いました。

以前に一度、鎌倉でも洗ったことがあるのですが、その時も今回も、万札を洗う勇気はありません。洗って乾いたあと、ぶわんぶわん状態になってしまうと使えなくなりそうですし、仮にお店で使った場合、「このぶわんぶわん具合、怪しいわ？　もしかして偽札？」

と疑われるのが怖かったからです。相変わらず小心でビビリです（笑）。

洗うコツは、「私が持っているお金の代表として、このコインとお札を洗います。私が持っているお金のすべての念の垢を落として下さい。そして、そのスペースに新たにお金が入ってきますように」と、白ヘビの神様にお願いをしながら、じゃぶじゃぶします。

龍の置物がある場所に立っている木はご神木で、その一角はご神木の優しさもあって、縁起が良い場所となっています。祝詞《のりと》を唱えながら、流れる清水で簡易滝行（両手をひたし、頭のてっぺんにも数滴たらし、顔にも塗ります）をさせてもらうと、心身ともにスッキリしました。さっぱりと浄化をしてくれるこの清水は聖水です。聖水とは、神様の高波動とパワーが入っている、とても力がある水のことです。

お金を洗い終えてから白龍社の神域を出て、表参道を下ってみました。東参道の拝殿横から境内に入ったため、わからなかったのですが、下のほうは完全にお寺の「気」でした。仏様の気配が残っています。なんだか山形にある羽黒山《はぐろさん》の神社と「気」が似ているな〜、と感じました。

境内にあった説明を読むと、昔は妙泉寺という真言密教のお寺だったそうです。

１３２５年に開創、二度の火災で堂宇を焼失し、その後衰退したそうですが、１６１２年に再建されています。明治の廃仏毀釈で廃寺となったらしいです。祈りの力といいますか、僧侶たちが拝んだパワーが時を超えて今もまだかすかに残っていました。たぶん、創建当初のものだと思います。お不動さんや天狗の気配もしていましたから、当時は力のある僧侶がいたように思います。早池峰山一帯の山々は人間が修行をする場所というよりも、眷属《けんぞく》（神仏の子分や家来といった存在です。忠誠心が厚いのが特徴です）や神獣が修行をするところとなっていました。半端ない聖域感はそのためです。

その日に買った宝くじが当たった！

早池峰神社をあとにして、いわて花巻空港から伊丹空港行きの飛行機に乗りました。伊丹空港から家までが遠くて、帰宅したのは22時を過ぎていたように記憶しています。

帰宅して、元夫と東北での出来事を電話で話しました（元夫なのにどうして？　と、初めて私の本を読まれる方は疑問に思うかもしれません。2回目の結婚をした夫で、現在は婚姻を解消していますが、人生のパートナーとして仲良くしています。私の著書やブログにも時々、登場しています）。

話の途中で、「おお、そうだ、子熊に出合ったことを自慢しなければ！」と思った私は、その時の様子を詳しく伝えました。元夫は「へー！　すごいやん！」「そんなラッキーないで！」「俺も子熊、見たい」と、ひとしきり興奮したり驚いたりしてくれて、ふいにこう言いました。

「宝くじ、買ったら？」

「宝くじ？」

「うん。子熊に出合うって運がいい証拠やろ。一生に一度あるかないかの幸運やで。一生、子熊に会えへん人ののんが多いやろ？　めったにないで、そんな幸運」

「そう言われたら、そうかも～」

「ツイてんねんから、宝くじ買い～」

「せやな、買ってみようかな」

「子熊が運を持ってきてくれたんや！　1億円、大当たりやな！」

「うわ、1億円当たったらどーしょー」

と、まあ、ノーテンキな会話の流れで、遊び半分本気半分でロト6を買いました。私はみずほ銀行に口座を持っていて、宝くじをネットで購入できる手続きをしています。ですから、いつでもどこでも買うことができるのです。

電話を切って少し片付けなどをして、「日付が変わる前に買わないと意味ないな」と気づき、23時を過ぎてから購入しました。

それから、すっかりそのことは忘れていました。ブログに、子熊と遭遇しましたよ〜、と取材の報告を書いたりしたのですが、宝くじのことは思い出しませんでした。しばらく経ってから、あれ？　宝くじはどうなったのかな？　と思い出し、口座の残高を見ると、20万円ほど増えているではありませんか！

えっ!?　ええええっ！　と、慌てて……いや、慌てる必要はまったくないのですが、なぜかセカセカと焦りまくって宝くじサイトにログインしました。詳細をチェックしたら……驚くことに！　ロト6の3等が当たっていました！　22万円余りが振り込まれていたのです！

呆然とその画面を見ていて、「早池峰山の白ヘビの神様だ！」と気づきました。大きくてパワーのある白ヘビの神様でしたから、念の垢を落とす力も強力だったのでしょう。念の垢を落として、そこにちゃんと新しくお金も流し込んでくれたのです。それも参拝した当日に買った宝くじで……。すごい、すごすぎる、と、しばらく信じられなくて、当せん金の数字をぼ〜っと見つめました。

調べてみると、ロト6の3等は回によって当せん金が違っていて、多い時は100万円を超えています。最高額は140万円でした。きっと私が持っていたお金の念の垢のスペースは22万円だったのだと思います。22万円でも天から降ってわいた大金です。なんとありがたいことか、と東北に向かって白ヘビの神様に頭を下げました。

白ヘビの神様にお金について聞いてみました

お金持ちにしてくれるのはお稲荷さん!?

2ヶ月後、東京に行く用事があったので、ついでに東北まで足を延ばしてふたたび早池峰神社に参拝しました。お礼参りと、本に書く許可をもらうためです。

前回は白ヘビの神様に話を聞きませんでした。

「どうしてですか?」と疑問に思う方がいらっしゃるかもしれませんが、私は普段、摂社末社の神様はスルーすることが多いです。お話はメインの神様に聞き、強い眷属がいればそちらにも話しかけますが、摂社末社の神様にはほとんど話しかけません。

神様や眷属にお話を聞くのは霊的エネルギーを使います。そのエネルギーは無尽蔵にあるわけではなく、少し会話をしていると減ってきます。そうなると、自然に通信状態のスイッチが切れます。頭の中は勝手に違うことを考えたりして少し回復してくると、また会話ができるようになります。そのような限りある大切な霊的エネルギーですから、むやみやたらとあちこちで使うわけにはいかないのです。

再会した白ヘビの神様に前回のお礼を述べ、本に書く許可をいただきました。

「本に書いたら、参拝する人がたくさん来るかもしれません」

「それは構わないが、人によって念の垢（私が使う言葉に合わせてくれています）の容量は違うぞ」

容量が大きいと入るお金も多く、小さいと入ってくるお金も少ないそうです。

ここで勘違いをしてはいけないのは、白ヘビの神様は〝お金儲け〟の神様ではない、ということです。お金の念の垢は落としてくれます。持っているお金をクリアにすることで、そこに新しくお金が流れ込みますし、クリアになったお金はお友だちを引き寄せます。よって、お金が寄ってくるようになります。しかし、〝お金持ちにしてくれる〟のではありません。同じような気がするかもしれませんが、微妙に違うのです。

「念の垢は落としてやるが、金持ちにするのではない」と、はっきりおっしゃっていました。そうだな、そこはちゃんと書かねばと思っていたら、白ヘビの神様は、続けてさりげなく、

「それはむしろ稲荷のほう……」と言っていました。

「ええーっ！　そうなんですかー!?」と、超大驚愕です。識子さん、超大驚愕なんてそんな日本語ありませんよ？　と注意をされそうですが、それほど驚きました。

私たち人間の間では、お稲荷さんは商売繁盛の神様と言われていますが、神様界でもお金持ちにしてくれるごりやくがある神様、と認識されているのです。……ということは、真実であるということです。

コツは善い行いではなく〝磁力〟だった

白へビの神様に、ついでにお金について聞いてみました。お金は見えない世界では一つだそうです。私たちが思うのは、お金とは、ここに1万円、あそこに5万円、裕福な人のところには1億円、とバラバラに存在しているように感じますが、そうではないそうです。

一つとしてのお金があって、その端っこといいますか、先端部分は細い道が伸びているらしいです（イメージです）。道というか、アメーバのような、ニューロンのような、へビのような感じで、うにうにと動きながら角度や方向を変えています。その1本が自分にくるとお金がダーッと流れ込むそうです。幅の大小によってたくさんお金が入る、ちょっとだけしか入らない、と、分かれるみたいです。道は無機質の物体のように思うかもしれませんが意思があるということでした。

この説明の時にちょうど小鳥がそばにきて、さえずっていました。チーチーと鳴く珍しい小鳥です。私の周囲を飛び回っていました。

「この小鳥に石を投げたり、大声を出したり、小鳥が嫌がることをすれば逃げていくだろう？」と、白ヘビの神様は言います。

「はい」

「そんなことをすれば、小鳥は二度とそばに寄ってこない。お金の道も同じである」と、つけ加えます。次の言葉を待ちましたが、それ以上は何も言いません。

きゃーっ！　神様！　そこ、むちゃく

ちゃ大事なところですっ！　と思った私は食い下がりました。

「お金の道が嫌がることってなんでしょうか？」

意気込んで質問をしたのですが、答えは返ってきませんでした……。山岳系神様の眷属ですから、神格が高い白ヘビです。お金お金お金お金と質問をされることが好きではなかったのかもしれません。

しかし、私は読者の方の代表です。ここは、しら〜っとした空気になっても、呆れ返った態度を取られても、粘らなければ！　と思い、質問を変えてみました。

「お金を多く持つコツはなんでしょうか？」

白ヘビの神様によると、性格が良い、善い行いをする、霊格が高い、お金に対する意識を変えるなど、そのようなことは全部違うらしいです。お金にとっては、良い人も悪い人も霊格の高低も、人間の考え方も関係ないそうです。

多く持つ秘訣は、見えない世界のお金という存在から伸びる細い道を、自分に引きつける〝磁力〟だということでした。なるほど〜、磁石のように道を引きつけて、そのまま維持するのだな、とそこはわかりましたが、では、その磁力はどうやって身につけるのか……。

もちろん、聞きました。が、しかし、答えはもらえませんでした。お金儲けの神様ではありませんから、そこを丁寧に教えてくれないのは当然といえば当然ですが、言えない、言ってはいけない可能性もあるのかな、と思いました。

クリアになったお金はお友だちを呼んでくれる

白へビの神様はいつもこの場所にいるのではないそうです。早池峰山の神様の眷属ですから、通常は山にいるそうです。前回は、私が先に早池峰山の神様にご挨拶をしたので山から下りてきたというお話でした。

ですから、白へビの神様に来ていただくには、お金を洗う〝前に〟白龍社の祭壇の前で手を合わせます。柏手を大きく打つと山からしゅっと来られます。わざわざ山から来てもらって、さらにお金の念の垢を落としてもらうわけですから、祝詞は唱えたほうがいいように思います。丁寧なご挨拶になるからです。

神格の高い眷属なのに、簡易的というか粗末な祭壇で、「ここは嫌だろうな、お気の毒に……」と思っていると、「祠《ほこら》がある」と言います。え？　どこにですか？　と聞くと、祭壇からちょっと奥まったところに、石の祠があることを教えてくれました。どれどれ？

と見てみたら、普通に参拝しただけでは目につかない場所にありました。ああ、ここなら大丈夫ですね、とホッとしました。

お金持ちにはしてくれませんが、お金の念の垢を落としてくれるありがたい白ヘビの神様です。それも質の高い仕事をされます。念の垢の容量が減った分、新たにお金が流れ込みますが、それは私のように宝くじが当たるという方法とは限りません。思わぬところからの臨時収入かもしれませんし、商売だったら売り上げが上がるとか、何かしらの方法で入ると思います。

その後もクリアなお金はお友だちを呼んでくれますから、徐々に金銭的に潤っていきます。そんなごりやくがある「白龍社」です。

ちなみに早池峰山には白い龍もいました。登山口で神様とお話をしている時に、早池峰山の上空を飛んでいました。神様に聞くと、この龍はふもとには下りて行かないとのことです。一の眷属はこの白龍と白ヘビなのだそうです。

私がくだらない話をしていたら、神様と白龍、白ヘビがこちらを見て笑っていました。いいなぁ、好きだな、この山も、と思いました。厳しい修行の山ですが、気さくな神様と強い眷属がいる……そんな素晴らしい早池峰山です。

お金に好かれる財布術

財布の色はやはり金運を左右する

お財布の色に関しては、語呂合わせでいろいろと言われています。

黒い財布は「苦労」するから良くないと聞きます。これはある意味当たっていて、お金がお財布から出ていくのが早いです。黒い財布は入るほうに影響はなく、とにかくバンバン出ていきます。「待ってぇ～！」と追いかけたくなるくらい、入った端から出ていく傾向があります。

赤い財布は「赤字」になると昔から言われてきました。語呂合わせからすると、出費だけが多くなるような感じがするかと思いますが、入ってくるほうも少なくなります。それまではお給料の他に臨時収入が時々あったとか、懸賞に当たることがあった、という金運を持っている人も財布が赤いと当たる率が下がります。もちろん、出ていくほうもバンバン出ていきますから、お財布に入っている額が少なくなる、金運が降下する……それが赤いお財布です。

黄色は巷《ちまた》で言われているように金運が良くなる色ですが、ピカピカのキレイな黄色ではなく、黄土色のような、ちょっと茶色に近いかな？　というくらい暗めの黄色がいいようです。お金が入ってくる回数が増えます。ドッカーンと大金が入るのではなく、小さめのお金がチマチマと入ってきて、それで潤います。

茶色の財布はニュートラルで、入ってくるほうにも出ていくほうにもほとんど影響はありません。無難なお財布と言えるかと思います。

私のおすすめは紺色です。意外かもしれませんが、この色のお財布は入ってくるお金が増えていきます。人によっては、使用し始めの頃はほとんど何も変わらないかもしれません。茶色と一緒かな～、と思うでしょうが、しばらくすると色の効力が発揮され、入ってくるお金がだんだん増えていきます。ある日気がつくと、なんだかすごくお金を持ってるんですけど？　という状態になっています。

紺色に変えたとたんに金運アップ

去年の秋に、私は久しぶりに新しいお財布を購入しました。お店を何軒かまわって、これがいいなと思ったお財布は、オレンジ色が混ざったような赤、それと黒の2色しかありませんでした。

黒財布は金運を下げるため問答無用でパスです。赤も同じく金運が下がるので避けたいところですが、そのお財布の機能性やデザイン、手触りなどが捨てがたくて悩みました。赤といっても、赤々した赤ではなくオレンジ色が混ざっているような、見ようによっては赤寄りのオレンジ？　という色です。そばにいた元夫が「上品な赤やな」と褒めるのでますます欲しくなります。「これはオレンジ色だ！」と私が思っていれば、オレンジ色になるのではないか？　と都合よく考えて購入しました。

1ヶ月ほど使用して……あっさりと買い換えました。とても使いやすかったのですが、もうビックリするほどお金がバンバン出ていくのです。入れたお金がお財布内に長く滞在しない、そんなお財布でした。入ってくるほうもパッタリと運がなくなって、お金が流れ込んでこない金運になりました。

こ、これは……やっぱりいくらオレンジ色っぽくても赤は赤だったんだな、と頭を抱えました。こんなにハッキリと結果が現れるとは夢にも思っていませんでした。購入した代金がもったいないとか、もうそこを気にするレベルではない！　というくらいの急降下金運だったので、紺色のお財布をネットで探しまくり、買い換えました。

紺色のお財布が届いたのはある日の午前中で、その日から早速、使用し始めました。お金やカードを入れただけでは使用したことにならないので、わざわざコンビニまで行って、そのお財布から支払いました。これで紺色のお財布が生きたお財布になりました。

するとですね、なんと、その日の夜に！　ジャンボ宝くじが当たりました。私は、紙の宝くじはジャンボだけ、それも10枚だけ買っています。天が金運を授けてくれる時に、与える方法がなくて困らないように、という理由からです。たまたまその日が抽選日だったのです。当せん金は1万円でしたが、たった10枚しか買っていないのに、1万円が当たるのはすごいです！

財布はやっぱり紺色だよね、と思っていたら、翌日、本の重版が決定しましたという連絡が入りました。それも2社から！　です。重版はなかなかしてもらえないのに、2社同時にというのが信じられませんでした。

紺色のお財布は金運が上がる、と知ってはいましたが、まさかここまで即効だとは！と、自分でも驚いています。

ちなみに、赤に買い換える前も私は紺色を使用していました。元夫は好みで、ずっと黒を使用しており、収入はそれなりにあるものの使いっぷりがすごいです。貯金が増えてきたかな〜というタイミングで高額な買い物をしたりして、長い期間で結果的に見ると、出ていくお金が大きくて金運が良いとは言えないように思います。

知っておきたい財布内の整理術

金運を上げるには、お財布をどのように使うかという部分にもコツがあります。

まずお札の向きです。よく言われているように、人物の顔を手前に向けて、頭をお財布の底に向けて入れます。つまり、顔をこちら向きにし、逆さまに入れるのです。一番奥から1万円札、5千円札、一番手前が千円札、というふうにきっちり金額も揃えます。

こうするとお札が財布から出て行きにくいことは知られていますが、きっちり金種分けをするのは、万札は位が高い、万札は特別、そんな万札に敬意を払っています、大事にしていますよ、という意思表示です。

お札のスペースにレシートなどは入れません。一時的に入れたとしても、その日の夜にはレシートを出して、お札はお札の場所として確保します。お札のスペースに紙切れのレシートが堂々と存在していると、その空間が紙切れクラスの安いものになってしまいますから、お札にさっさと出て行かれてしまうのです。

お財布にポイントカード類をごちゃごちゃと入れておくのは運気を下げると、これもよく言われることですが、その通りです。

ポイントカードは小さなポイントをコツコツ貯めて500円分の商品券にする、という〝気〟を帯びています。ですから、そのようなカードをたくさんお財布に入れておくと、お財布自体がコツコツ貯めて500円、という〝気〟になってしまって、その金額クラスのお財布になるのです。大きな金運はやってきません。ポイントカード類を入れるのであれば、せいぜい2枚です（私は1枚しか入れていません）。3枚以上持ち歩くのであれば別にして持ったほうがいいです。

「ポイントが貯まるクレジットカードを、お財布に入れておくのは問題ないのだろうか？」という質問を持たれた方がいらっしゃるかもしれませんが、ポイントが貯まるクレジットカードは〝クレジットカード〟が主となっています。20万円の枠があれば20万円のお金と同じですから、ポイントカードとは性質が違います。お財布に何枚入れても問題ありません。

大金持ちに教わったお財布おまじない

お金を招く、お財布おまじないもあります。これは介護の仕事をしていた時に、大金持ちの利用者さんに教えてもらったものです。隠れたポケットがあるお財布でなければできないところがネックなのですが……意外と効きます。

お財布によっては、秘密の場所みたいな感じで、お札スペースの奥にポケットがあります。そこに1万円札と千円札を常時1枚ずつ入れておくのです。この11000円は、使用しません。

レジで払おうとしたらお金が足りなかったとか、バスに乗って降りようとしたら万札しかなくて両替をしてもらえない、など、そのような緊急時に使うことがあっても、それ以外では使いません。大事にしまっておくのです。

もしも緊急で使ったら、すぐに補充しておきます。私はお給料日前に生活費が足りなくて使う場合がよくありましたが、お給料が入ったら即、補充をしていました。常時、お財布の隠れた場所に1万円札と千円札が潜んでいる、という状態をキープします。
この2枚のお札は新札が手に入った時などに、時々、新しいものと交換してリフレッシュさせることも大切です。新札が手元にこない時は、比較的キレイだと思えるお札で大丈夫です。2～3ヶ月に1回は交換するといいです。金運をもたらしてくれます。

大きなお財布が好きではない、かさばるから苦手だという方は、二つ折りのお財布を使用されていると思いますが、おすすめは長財布です。お札を本来の形のままキープできるからです。お札が背中を曲げた状態でいなければいけない二つ折りは、居心地が良くないのです。金運アップを目指すお財布にするのなら、お札が嫌がることをしないよう心がけることも大切かと思います。

仕事運アップを叶えてくれたお稲荷さん

五柱稲荷神社〈東京・錦糸町〉

その情報はいきなり私のもとにやってきました。

「東京の錦糸町にある神社にお参りをすると、仕事が舞い込んでくるらしいですよ」

へぇ～、そんな神社があるのか～、と興味が湧きました。私にそう教えてくれた人のお友だち（フリーランスだそうです）は、参拝に行ってすぐに仕事が入ったそうですし、そのお友だちに情報を教えた別の人も同じく仕事が舞い込んだらしいです。

「ごはしら神社？　ですか？」

「五つの柱、と書くんです」

ふむふむ、なるほど～、とメモを取りました。ちょうどその時、私は元夫と、彼の転勤にともなうお互いの物件探しをしていました。ですから、タイミングよく東京にいたのです。神様に関して詳細を知るためには、私の場合、単独参拝が基本ですから、元夫とは別行動をして行ってみました。

目指す五柱神社はＪＲ錦糸町駅から歩いて10分の距離にありました。想像よりもちんまりとした神社で……神様はお稲荷さんでした。道路から写真を撮っている時からすでにお稲荷さんは姿を現していて、社殿の空間に座っていました。


さて、ここでちょっと話がそれてしまうのですが、お稲荷さんの種類について書きたいと思います。お稲荷さんはほとんどがキツネの姿で見えます。神格が高くなるとキツネ姿ではなくなりますが、それまではさまざまな色の、さまざまな大きさのキツネの姿です。

そんな中、まれに尻尾の数が多いものがいます。私は京都にある伏見稲荷大社のお塚信仰の場で、この尻尾の多いお稲荷さんを見ました。ごく普通の尻尾がたくさんついているのです。

別のタイプとしては、尻尾は1本ですが先が割れて分かれているものがいます。少し大きめの尻尾の半分あたりから先が分かれていて、ふわふわとそよいでいるのです。尻尾の先が風になびいています。このお稲荷さんは北海道の千歳神社で見ました。尻尾の長いニワトリがいますが、あの尻尾に近い感じです。

尻尾の数が多いお稲荷さんも、尻尾の先が割れてそよいでいるお稲荷さんも、自然霊としてもともと力が強いキツネ出身です。どちらも出合うことはめったになく、数は少ないです。

自然霊として力が強いキツネとは、神様系でも仏様系でもなく、修行もしていないのに強い力を持っている、そんな存在です。神様でも眷属でもありませんから、妖精とか妖怪に近いのです。善の存在（神仏の仲間）になるのか、悪の存在（魑魅魍魎《ちみもうりょう》・悪霊の仲間）になるのか、どちらでも選択できるのが特徴です。悪いほうを選べば、妖狐《ようこ》と呼ばれたりもして悪さをします。

そのような自然霊のキツネが神社に神様として入っ

ていて、人々のお世話をしていることもあるのです。それが伏見稲荷大社や千歳神社で見た、変わった尻尾のお稲荷さんです。もともと大きな力を持っている霊狐の神様ですから、お願いごとは何をしてもいいです。

これは山岳系の神様みたいに、難しい問題、大きな力を必要とする願掛け、人生の計画を変えるという高度な願掛けも大丈夫という意味ではありません。願掛けは良いことだけに限定されませんよ、という意味です。牛頭天王《ごずてんのう》と同じです。ダークなほうにも力を使えるので、一般的な神様にはお願いできないようなダークなお願いも叶えて下さる可能性があります。

北海道の千歳のお稲荷さんは白いキツネ姿でしたが、時々黄金色に見えました。優しいとか、穏やかな性質とか、笑ったりするタイプではなく、凛としていました。自然霊出身のお稲荷さんは独立した感じ、自由な感じが強いです。しいて言えば、龍に近いです。

ちなみに、尻尾が割れていない姿のお稲荷さんは、眷属が修行をしてお稲荷さんになったタイプです。コツコツと地道に修行をして、力をつけてきた真面目なお稲荷さんです。修行をしたお稲荷さんも、自然霊のお稲荷さんも力に差があるわけではありません。どっちが強いとか、どっちが優秀だとか、優劣はないのです。修行でつけた力なのか、もともと力を持っていたのか、それだけの違いです。

仕事の依頼が急増！

五柱お稲荷さんは私が見た3柱目の自然霊タイプのお稲荷さんでした。尻尾の先が割れて、さらさらと風になびいていました。真っ白くて結構大きいお姿です。関東平野が原野だった時代に駆けまわっていた、とのことでした。もしかしたら、五柱お稲荷さんのように原野を走りまわっていた自然霊のお稲荷さんが他にも何体かいるのかもしれません。

私もここでお仕事のお願いをしました。本は出版社さんから依頼がなければ、発売することができません。皆様にまだまだお伝えしたいことがあるので、本を出せますように、お仕事が来ますように、と願掛けをしたのです。

自己紹介をした時に、物件探しで東京に来ている事情を話していたため、お稲荷さんは私が東京に住むことをすでにご存知です。そこでこう言われました。

「東京に来たら（住んだら、という意味です）、時々、参拝に来るか？」

もちろん「ハイ」とお答えしました。このお稲荷さんは、1回こっきりの参拝はダメなようです。それは参拝が減ると力がなくなるから（まだ神格が低いお稲荷さんは、人々の足が遠のくとパワーが低下するため、定期的な参拝を望みます）という理由ではなく、お稲荷さんに対する忠誠心といいますか、信仰心をしっかり持っているかどうかが問題のようです。信仰心が薄い人間にワシはそこまでしてやるつもりはない！　という感じでした。

願掛けはすぐに……驚くほどの効果で叶いました。お願いをしてから有名な雑誌をはじめ、お仕事の依頼がいくつも来たのです。ありがたいことだと思いました。

叶った願掛けを取り消しても断っても大丈夫

ついでに、と言ってはなんですが、よくある質問について書きたいと思います。

神仏に願掛けをして叶えてもらった、しかし事情が変わって、もしくは気持ちが変わって、叶った願掛けをこちらから断りたい……という、これはどうなのかと悩む方が時々おられます。

「神様、A校に合格させて下さい！　お願いします！」としつこく願掛けをしに行って見事に合格した、しかし受かってからよくよく考えたら、A校はなんだか違う気がしてきた、というメッセージ（文中にある〝メッセージ〟は、すべて読者さんからいただいたことを表しています。メールではなく、ブログのメッセージ機能を使って届くのでこう表現しています）をいただいたことがあります。すべり止めのB校に入学したい……と心境が変わり、これは神様との〝約束〟を破ったことになるのでしょうか、と心配されていました。

もう一つの例としては、なんだかぎくしゃくしていた彼と、「もとのようにうまくいきますように。私も努力します」と願掛けをした、それが叶ってうまくいっているのだけれど……なんだか気持ちが離れてしまって別れたい……これは神様との〝約束〟を破ることになりますか？　というものです。

私は五柱お稲荷さんにお願いをして入ってきたお仕事の大部分をお断りしました。私の場合、どんなに早くても本を1冊書くためには3ヶ月必要なので、時期が重なった依頼だと同時進行で書けないからです。せっかく五柱お稲荷さんが持ってきて下さったお仕事ですが、なんと、自分のほうからお断りしたのです。全国各地でセミナーを開催するお話も来ましたし、同じく講演会を各地で開催しませんかというお話もいただきましたが、どちらも私の方針と合わないのでこれもお断りしました。

五柱お稲荷さんに自分からお仕事がありますように、とお願いをしておきながら、実際に叶えてもらって、たくさんのお仕事が入ったのに、その大部分をお断りしたのです。

「えーっ！　それっていいんですか⁉」と思われた方がいらっしゃるかもしれませんが、

まったく問題ありません。

神様は私たちが一生懸命にお願いをすれば、できる範囲で願掛けを叶えてくれます。私のケースのように、お仕事がたくさん舞い込むようにしてくれます。しかし、そこから先は本人の意思で決めていいのです。神様もそれを尊重してくれますから、仕事を受ける受けないの部分は自由です。せっかく持ってきた仕事を断りおってー！　と怒ることはありません。

先ほどのたとえで言えば、違う学校を選ぶのも本人の自由ですし、彼と別れるのもそうです。せっかく叶えてやったのに無にするのか！　などと、神様は心の狭いことは言いません。怒ったりもしませんし、不愉快になることもありません。

願掛けをした時と、その願いが叶った時期とでは、状況が変わっていることがあります。心境が変化していることもよくあることと、神様はご存知ですし、そもそも気持ちが変わったのは悪いことではありません。

〝願掛け〟と〝約束〟は、種類が違います。ですので、まったく気にしなくていいのです。

ついでに言えば、神様に謝ったりもしなくていいです。

願掛けをしたけれど途中で気が変わった、願掛けを〝取り消したい〟という方もいらっしゃるかと思います。この場合、もう一度神社に出向いて「願掛けを取り消します」と言うのが筋ですが、遠くて簡単に行けない、体調が悪くて行くことができないこともあるかと思います。取り消しに関しては参拝して訂正することが不可能なら、もうそのままにしておいても大丈夫です。

なぜかといいますと、願いを叶える時、神様は一度その人のところに行くからです。行ってみて本人を見れば、願いを取り消したいと思っている、その願いを今は持っていないという、そのへんのことは、神様にはすぐにわかります。瞬時に気づかれます。気持ちが変わったことを知ると、気分を害することなく、機嫌をそこねることもなく、そのままそっとお帰りになります。

五柱お稲荷さんの近くには、勝海舟が若い頃に過ごした「旗本岡野氏屋敷跡」がありました。もしかしたら勝海舟も若い頃に参拝していたのかもしれないな〜、だからたくさんお仕事が入ったのかも〜、と周辺をお散歩していてそう思いました。

第2章

成功運のつかみ方

眷属から選ばれる千載一遇のチャンスのために

宿る場所をあらかじめ作っておく

『京都でひっそりスピリチュアル』という本に書いたのですが、京都にある伏見稲荷大社には膨大な数の眷属がいます。数が多すぎて、神様のお手伝いをする仕事が隅々まで行き渡りません。神仏は仕事がないからとダラダラ怠けたりしませんから、眷属たちは自発的に仕事を見つけて修行に励んでいます。

眷属たちは毎日多くの参拝客を見ています。毎日何万人という人間を見ていると、人間性が輝いている人がくればひと目でわかります。信仰心が厚くて、神様大好き！　と純粋に思っている人もすぐにわかります。そのような人で自分が好ましく思う人物を見つけると、眷属は神様に許可をもらって、その人について行きます。その人の家に行って、その人を守ることで神格を上げる修行をするのです。

守る期間はまちまちで、1年もあれば5年もありますし、10年、なかには一生という眷属もいます。眷属がバッチリついてくれれば、危険や「魔」から守ってもらえるだけでなく、人生も好転していきます。眷属に選んでもらえることは、非常にラッキーでありがたいことなのです。

伏見稲荷だけでなく、よく行く神社やご縁をいただいている神社、眷属がとても多い神社などは、向こうから守りに来てくれる可能性があります。しかし、これは頻繁にあることではなくて、正直に言いますと、非常に〝まれ〟です。ですから、もしも来てもらえたら、千載一遇のチャンスなのです。

どうしてこういう言い方なのかというと、来てもらえても、そのままお帰りになる場合があるからです。来てもらえた、というチャンスは逃さずにつかんだほうがいいです。次のチャンスはないかもしれません。なんとしても、そのまま家に滞在していただけるようにしたいものです。

さてそこで、重要なポイントになるのが「宿る場所」をどうするか、です。神様系の存在は「宿る場所」が絶対に必要だからです。宿るところがなければ、眷属はそのままお帰りになります。めったにないチャンスを逃してしまうことになるのです。

そのような残念なことにならないために、最初から宿ってもらえる場所を用意しておくのがおすすめです。自分で気づかないうちに来ても、宿る場所さえあれば、そのまま帰ったりしないので安心というわけです。

神棚がベスト、無理なら大きめの縁起物を用意

一番いいのは神棚です。〝来たことがわかったら〟神棚を作って差し上げると大変喜ばれます。神棚だと快適に長くいることができるのです。神棚の上に置くお社《やしろ》の中には、眷属のためのお鏡を置きます。こちらのほうがおふだよりも断然宿りやすいからです。

すでにうちには神棚があります、というお宅は、神棚の上に眷属のための新しいお社を用意するか、もともと置いているお社であれば中に居場所を作ります。すでにあるお社の中にはおふだが入っているでしょうから、そのおふだにお帰りいただいて場所を確保します。三社用のお社でしたら、そのうちの一社にお帰りいただくだけで構いません。真ん中でなくても、場所をひとつ作れば問題ないです（おふだをお返しするやり方については後述します）。以上は〝来たことがわかったら〟プラス〝神棚が作れる〟お宅である、という条件でのお話です。

来たことがわかっても神棚が作れない場合もあるかと思います。宿る場所がなければ、眷属はお帰りになりますから、どこかに宿れる場所を作ります。来ていなくても、あらかじめ場所を作っておくことがおすすめしたいポイントですから、ここからは〝宿れる場所〟をどう作るか、のお話です。作っておけば、本人が気づかずに眷属が来た場合でも利用してもらえますから、幸運を逃さずにすみます。

さて、その場所ですが、位置はなるべく高いところがいいです。人間の息がかからない、というのが最低条件で、壁や柱の高い位置に掛けるもの、これがベストです。柱や壁に穴を開けることができませんというお宅は、タンスの上や食器棚の上などにスペースを作り（鼻から上の高さは必要です）、そこに宿れるものを置くといいです。

「では、美しい絵画でも……」と思われるかもしれませんが、神様系存在は風景画や人物画などの絵画には宿れませんので、ご注意下さい（「魔」の存在は絵画でも宿れます）。

どうしても絵にしたいという方は、龍神なら龍1体だけの絵、お稲荷さんならお稲荷さん1体のみの絵を〝額に入れずに〟飾れば、かろうじてオーケーかもしれませんが、あまりおすすめではありません。それよりも龍の置物、お稲荷さんの置物のほうがはるかにいいです。平面より物体のほうが宿りやすいからです。

神様系の存在はドライフラワーとかお花のオブジェのようなものにも宿れませんし、時計など動くものも無理です。ひとことでこんなもの、ということが難しいので、いくつか例をあげますと……たとえば、壁に掛ける七福神などのお面とか（お祭りなどで買うプラスチック製ではないものです）、古代の剣や七福神、宝船、龍などの置物、大きめの鈴や打ち出の小槌みたいな縁起物でもいいです（この場合、鈴は絶対に鳴らしませんし、小槌も振ったりしません。宿る用なのでホコリをはらうくらいにします）。美しい絵馬も悪くないです（文字を書いていないサラの絵馬限定です）。

ご注意いただきたいのは、準備したからといって、お水などをお供えするのは厳禁です。神棚以外の場所で〝お供えとして〟水を置くと、他のものが飲みに来るからです。成仏していない霊が飲みに来ることが多いのでお気をつけ下さい。場所だけ作っておけば、あと

は何もしなくて大丈夫です。

場所については、宿るかどうかは眷属のお考え次第です。「ここは無理だ」となれば、お帰りになります。それはそれで非常に残念ですが、うまく場所を作っていなかったことは、失礼にはあたりませんので、気にやむことはありません。

仮に気づかないうちに眷属が来て、守ってくれている場合、「お供え物はしなくていいのでしょうか？」とそこを心配に思う方がいらっしゃるかもしれませんが、向こうからやってくる場合はしなくても問題ないです。勧請《かんじょう》をして、無理を言って強引に来てもらえば、お供えをするのが礼儀として当然ですが、気づかないうちに、しかも向こうの意思で来られているのですから、しなくても失礼ではありません。

神棚のおふだにお帰りいただく方法

おふだに帰っていただく方法ですが、まず、新たに同じ神社からもらってくる、つまり交換するのであれば、古札納所に返せばいいだけです。

そうではなくて、もうその神社のおふだは神棚に入れません、という場合は、神棚から降ろして、おふだもお社の中もお塩で清めます。この場合、お塩は開封していないものを使用します。お料理に普段使っているものをちょっと使う、というのは良くないです。お塩をひとつまみ、お社の中でパラパラと振り、しばらくそのままにしておきます。次のおふだをいただいてくるまで、そのままでも構いませんし、すぐにお掃除をする場合でも半日くらい経過してからのほうがいいです。

おふだのほうもグリグリとお塩を塗りつけたりせず、軽く振りかけるようにして清めます。清め終えてから、神社に持って行きます。古札納所に置く前にも、少量持参したお塩をサッと振りかけて清め、お返しします。そのあとで、本殿でお世話になったお礼を神様にお伝えします（これは自分で神社に行っておふだをもらい、自分で神棚に祀っている場合のお話です。勧請をして来てもらった神様にお帰りいただくのは別の方法になります）。

神棚に入れるおふだを変えることは、まったく失礼ではありません。気がねすることなく、自分が信仰したい神様、大好きな神様をお迎えして下さい。入れ替える時期に決まりはありませんから、お正月にこだわらなくても大丈夫ですし、おふだの期限（1年）が来る前に交換してもさしつかえありません。

お金持ちの街にはどんな神様がいる？

銀座11社めぐり

２０１７年の秋に関西から関東に引っ越しをしました。購読している新聞の地域版のページも東京になり、都内のいろいろな情報を目にすることができるようになりました。

「銀座八丁神社めぐり」のイベントも新聞の地域ページで知りました。

概要から言いますと、２０１７年11月1日〜3日の3日間で（毎年、この時期に開催されているようですが、日にちは年によって違うみたいです）、時間は12時〜16時、銀座にある神社11社（これも年によって数が違うみたいです）をまわってスタンプをもらう、というものです。全部の神社を参拝してスタンプが揃うと、記念品（先着２０００名）がもらえる、という楽しい神社スタンプラリーになっています。

銀座といえば高級店が軒を連ねていることで有名です。お金持ちの街と言っても過言ではなく、そのような街に鎮座している神様は一体どのような感じなのだろう？　と、興味があったので行ってみました。

高級なお店ばかりと知識では知っていても、実際に行くと「気」に押されて、ひょえ〜！　と、ビビリます。想像以上にすごいところでした。高級ブランドの立派なお店がずらずら〜っと並んでいて、歩くだけならまだいいのですが、百貨店の中は「入ってすみません」という気持ちになりました。地方都市の百貨店とは大違いなのです。

道路には運転手つきの車体が長い黒塗りの車や高級外車が何台か停まっていて、「貧富の差」という言葉まで浮かんできました（笑）。

このイベントのおかげで銀座という場所がどのようなところなのか、肌で感じることができて面白かったです。

さて、銀座の神社とはどのようなものであったのか、と言いますと、他の地域と一緒で神様の力には差がありました。11社をすべてまわった感想は、都会って大変だな、です。当然と言えばそうなのですが、どの神社も規模が小さくて境内がなくお社のみでした。

大きな力を持っている神様を見た時は、「是非お話を！」と思いましたが、言葉を交わすことはできませんでした。イベントは多くの人が参加しています。皆さん、スタンプをもらうだけでなく、ちゃんとお参りもしています。ですから、どの神社も列を作って並んでいるのです。少ないところでも5～6名が並んでいましたし、多いところは20人くらいいました。

並んで順番を待ちますが、皆さん手を合わせるのは短めです。なぜなら、記念品が先着2000名ですから、全員が若干、急ぎ気味で参拝をするのです。

やっと自分の順番が来ても、後ろに並んでいる人が気になって、祝詞を唱えるほど時間を取る勇気がありません。2礼2拍手1礼のみで、すぐ次の人に順番を譲りました。参拝に時間がかけられず、周囲に人が多いことと、どこも大変狭い場所で混雑していたのでコンタクトすることができなかったのです。神様を見るだけの11社めぐりになりましたが、それでもいろいろと学ぶことが多かったです。

年に3日しか会えない強力なお稲荷さん

11社の中で一番力が強かったのは、「銀座稲荷神社」というお名前のお稲荷さんです。

銀座トレシャスのガス灯通り側におられました。このお稲荷さんは、他のお稲荷さんやお地蔵さん、お不動さんとはパワーが違います。もしも、このお稲荷さんがついて下さったら、銀座で豪遊クラスの富をもたらしてくれます。

小さなお社の中に置かれている狛狐像《こまぎつね》にもしっかり眷属が入っていました。私が「強いお稲荷さんだなぁ」と、中を覗き込んでいたら、思いっきりジロリと睨《にら》まれました。厳しい眷属です。

ぱっと見、とても小さいですし、他と変わらないように見えますが、もとはちゃんとした普通のお堂かお社にいたようです。このお稲荷さんが本気を出せば、商売繁盛間違いなし！　出世間違いなし！　という富を招くお稲荷さんです。

しかし、なにかこう、一般の神社とは違います。よそよそしくて屋敷稲荷っぽいのです。お社が小さいからかな？　駐車場の一角にあるから？　とその時はそう思いました。しっくりこない感があったのです。

そこで帰宅して調べてみたら……このお稲荷さんは、普段は銀座越後屋さんのビルの屋上に祀《まつ》られていて、非公開なのだそうです。ですから、通常は参拝不可です。このイベントの期間だけ、1階に降ろされて仮鎮座されているそうです。やはり、屋敷稲荷だったのでした。

が、しかし……屋敷稲荷であのパワーはすごいし、眷属がいたことが納得いきません。

そこで銀座越後屋さんのホームページを拝見すると、

【銀座稲荷の社は、始め銀座二丁目の裏通りにありましたが、戦後の昭和30年頃稲荷社の周囲の家の改築により裏通りがなくなり、当ビルの裏側の空き地に一時お祀り致しました。昭和40年頃にビル内の7階にお移しし、更に昭和61年に当ビル屋上に、そして平成22年新ビル落成と共に新しく台座を設けて、ビル屋上にご鎮座する事となりました。】

と、書かれていました。街の中にあったお稲荷さんがもろもろの事情で屋敷稲荷になっていたのです。なるほど～、とすべての謎がここで氷解したのでした。

当日はそんなこととは知らず、普通にそこにおられるお稲荷さんかと思いました。また今度、イベントじゃない日にゆっくりお話を聞きに来よう、と思ったのですが、翌年の秋にならなければ会うことはできないと知りました。ですから、次回のスタンプラリーに参加してみようと思われた方は、年に1回、それも3日間しか会えないお稲荷さんである、ということを知っておかれたほうが良いと思います。

資生堂を世界の大企業にしたお稲荷さん

次に強いお稲荷さんは、「成功稲荷神社」です。資生堂本社ビルの1階に仮鎮座されていました。このお稲荷さんも普段は資生堂の屋上におられるため非公開だそうです。イベント期間のみ1階に降ろされていて参拝が可能だということです。

こちらも何も知らないまま参拝をして、のぼりに書いてある神様のお名前を拝見し、ド派手なお名前だな～、などと失礼なことを思いました。「満金龍神成功稲荷」なのです。けれど、お名前が示す通り力は強いです。

普通に2礼2拍手1礼をして参拝した私は、ここではかすかな違和感を覚えました。あれれ？　と思いながらも、後ろに人が並んでいますから、そのまま進んでスタンプを押してもらい、一旦ビルから出ました。しかし、どうしてももう1回お会いしたくて再び並びました。

このお稲荷さんは資生堂という会社を、世界の資生堂、世界の大企業に押し上げた力を持つお稲荷さんなのです。あれれ？　という、よくわからない感想で終わるのはどうなん？　と思ったのです。

2回目は運良く、私の後ろには誰も並んでいませんでした。チャンス！　と思って、祝詞を唱えていたらすぐに後ろに並んだので（警備員さんの誘導する声でわかります）、そこからは慌てて早口で唱え終えました。祝詞を唱えて、少しでもお話ができたら……と思ったのですが、どうしてもズレている感触があって、空間がカッチリはまっていません。異次元っぽい感じがして、おかしいなぁ、と思いつつ資生堂をあとにしました。

納得がいかないので帰宅して調べてみたら……このお稲荷さんは、なんと、仏様のほうなのでした。昭和2年に資生堂の初代社長が豊川稲荷から勧請したのが始まり、と書かれていたのです。お社は神道形式で、さらにしめ縄が張ってあり、お供え物も三宝に載せられていました。お神酒《みき》も神道のお神酒入れでしたし、水入れもそうでした。見た目は完全に神道の神社だったのです。まさか中にいるのが仏様だとは……。豊川稲荷といえば、ダキニ天さんです。大きな富をもたらすのも納得です。

銀座三越では「銀座出世地蔵尊」の横に、「三囲《みめぐり》神社」という三井家を守護しているお社がありましたし、歌舞伎稲荷神社は歌舞伎座正面右側にあってここは唯一、ご朱印をもらえるようになっていました。細い路地にあるお社は、昔の名残をとどめていますから、江戸に思いをはせることができます。

この「銀座八丁神社めぐり」は、インターネットの情報では1時間もあればまわれる、となっていますが、ハッキリ言って無理です。駆け足でまわるだけだったら可能かもしれませんが、各神社、人が並んでいますから、参拝をするのに時間がかかります。9階のテラスにある神社もあり、屋上も2ヶ所ありましたから、その3社はエレベーターを待たなければなりません。私は1時間40分くらいかかりました。時間に余裕をみて行かれたほうがいいと思います。

おすすめは豊岩稲荷神社

実際にまわってみるまで、私はごく普通の神社ばかりだろうと勘違いをしていました。各神社にご加護や恩恵をいただけるもの、と思っていたのです。全部が全部強い神様ではないにしろ、中にはご縁を下さる神様もいるでしょうから、銀座にいる神様にご縁をいただくとはどういうことなのか、それを皆様にお伝えしようと思いました。

読者の方の中には、お店を持っている人や自分で会社を設立した人がいます。銀座は高級なお店や大きな企業ばかりがある地域ですから、そのような読者さんがここの神様にご縁を結んでもらえると、大成功の仲間入りができるかもしれない、と考えたのです。ちょうどこの本を執筆している時だったので、開運の取材を兼ねて行ってみた、というわけです。

結論から言うと、大成功をもたらしてくれる強い神様は屋敷稲荷でした。ですから、ご縁をいただくことができません。屋敷稲荷というのは、その家（企業）専属の神様です。言ってみれば、銀座越後屋さんちの神棚、資生堂さんちの神棚、なのです。その家を守る、発展させる神様ですから、よその家の人を守ることはしないというわけです。

屋敷神となっている神社にはご縁はいただけませんが、ごく普通のお稲荷さんには、いただくことができます。「豊岩《とよいわ》稲荷神社」「宝童《ほうどう》稲荷神社」「幸《さいわい》稲荷神社」「あづま稲荷神社」の4社です。

このうち私のおすすめは豊岩稲荷神社と宝童稲荷神社です。

特に豊岩稲荷神社は、越後屋さん、資生堂のお稲荷さんに負けないくらい強いお稲荷さんでしたので、こちらのお稲荷さんにご縁をいただいても成功すると思います。11社の中で眷属が確認できたのは、銀座稲荷神社と、この豊岩稲荷神社だけでした。

どのような神様を味方につけると大成功するのか……実際にまわってみると、なんとなくでも自分の感覚でわかるのではないかと思います。宝探しのような感覚でマップを片手に歩くのも楽しいですし、細い路地にいる神様は普通の神様ですから、こちらは恩恵もご加護もいただけます。特に、豊岩稲荷神社はおすすめです。

いろいろと見どころもあって、私は初めて歌舞伎座を見て感激しました。ちょっとしたお土産を下さる嬉しい神社もあったりして、2時間で本当に楽しめます。記念品は翌年の干支の土鈴で、ありがたい縁起物でした。

「じゃあ、次回、ちょっとチャレンジしてみようかな〜」と思われた方はネットで検索すると情報が出てきます。お問い合わせは「全銀座会」、イベント名は「オータムギンザ」です。

高級住宅地のお稲荷さんに聞いてみました

大山稲荷神社〈東京・松濤〉

この本の締め切りの少し前に打ち合わせで渋谷に行きました。渋谷は、名前だけは知っていますが、右も左もわからない街です。待ち合わせのお店をマップで確認していると、「松濤《しょうとう》」という文字が目に入りました。

おや？　たしか、この地名は超高級住宅地だったような……？　と思いましたが、私はうろ覚えの大天才です。自信がなかったので、打ち合わせの最後にさりげなく聞いてみると、「ああ、松濤。高級住宅地ですね」という答えが返ってきました。

やっぱりそうなんだ、と急に興味が湧きました。というのは、その時もちょうど、成功運について書いている途中だったのです。11社をまわった銀座は商業地なので、今度は高級住宅地にある神社とはどういうものか、知りたいと思いました。

その場で検索をしてみると、「大山《おおやま》稲荷神社」が松濤という街にあることがわかりました。住宅地の奥まったところだったらビビって行く勇気がなかったかもしれませんが、比較的大通りからすぐだったので行ってみました。

東急百貨店のあたりまでは人通りも多くにぎやかでした。百貨店の裏側に入った途端に、あたりは急に静かな住宅地になります。変化が顕著です。そこから少し歩いたところに神社はありました。大山稲荷神社は、境内がとても狭く縦に長い敷地です。本殿は社殿というより、見た目はお堂といった建物でシンプルでした。

高級住宅地のど真ん中にある神社……それもお稲荷さんです。もしかしたら、こういうお金持ちばかりが住む街にいる神様にお願いをすると、金運が格段にアップするのかもしれないと思いました。

まずは写真を撮らせてもらい、次いで建物の中を覗かせてもらいました。中には神棚クラスよりも大きめのお社があります。そこそこ新しくてキレイです。お塩とお米、お神酒がお供えされていて、榊《さかき》は、生け花？　枝1本まるごと？　というくらい立派なものが左右に挿してありました。庶民の私は、「この榊ってものすごく高いん違う？」などと、下世話なことを思いました。どなたかが毎日お世話をしているようです。

新しい狛狐像もありましたし、神社の見た目はそう古くはありません。しかし、よーく見ると石の鳥居に「寛政六年」（約220年前）と彫られています。そばにあった石灯籠《いしどうろう》も同じくらいの歴史がありそうです。境内には江戸時代からあると思われる石があって、眷属が座っていたりもしました。

お稲荷さんは真っ白のキツネ姿です。際立つ白さです。尻尾のつけ根あたりに赤と黒の短い線が3本ずつ模様のような感じで入っています。走ると（正確には飛ぶのですが）、その跡に虹のような光の変化跡が残ります。

このあたりは、大昔は人があまり住んでいないような寂しい村だったそうです。パワースポットとまではいかないけれど、その頃から土地自体は良かったと言います。

「成功した人が多く住む土地に住めば、同じように成功者になれるのでしょうか？」

お稲荷さんの説明では、大きく成功した人が住む、そのような人々が集まると「場の運気が上がる」そうです。次々と成功者が来ると運気が上がっていくので、そこに住めば土地の因縁などに悩まされることがなく、自分の運勢が上昇する時は、土地の力が後押しをしてくれるそうです（ちなみにここでいう土地は、人間が作った町名の範囲とは別です）。

人が単純に〝多く〟集まれば、活気がある土地になります。活気は土地やその場所のパワーを上げます。ますます人が集まるようになるのです。松濤はこれとは違って、人が多く集まるわけではないので、活気が出るのではありません。強い運を持った人が集まって、上がるのは運気なのです。静かで良い運気です。

お金を持つ持たないは運命ではなく選択の問題

人は生まれる前に、ある程度人生を計画しています。どこまでキッチリ決めているのか、そこは人それぞれですから一概には言えませんが、ほとんどの人が大雑把にこういう人生、というふうには決めているようです。

たとえば、今世は自分が女性でソウルメイトには男性になってもらい、一生を共に生きよう、前世ではソウルメイトが臣下として尽くしてくれたから、今世は自分が妻として彼をサポートしよう、と決めてきたとします。

人生は決めたように進んでいきますが、「運勢」の部分は自由に変えられるそうです。

どういうことかと言いますと、妻として夫をサポートする計画はそのままで、彼が成功してお金持ちの妻になるのか、彼の仕事がうまくいかず貧乏な夫の妻になるのか、そこはどちらでもいいわけです。２人の運勢次第でこの部分は変わってきます。

自分の運勢だけを変える方法もあります。料理家として名前が売れて大成功し、夫よりもはるかに稼ぐ妻になってもいいし、専業主婦として家庭をしっかり守る妻になってもいいのです。どちらであっても本筋から外れていません。夫をサポートする計画はそのままですから、オプションの部分は何をどう選んでもいいというわけです。

つまり……お金を「持つ」か、「持たない」か、という選択は、生まれる前に決めた運命ではない、ということです。

そのような人がほとんどだと思われます。前世で大金持ちだったためにつらい目にあったとか、大金持ちのせいで人格が歪んだので反省し、今世は赤貧の人生を生きてみよう！と決めてきていない限り、持つか持たないかは自由に変えられるのです。

医師になって多くの人を救おう、と人生を計画して生まれてきた人も、病院経営をしっかり学んで大金持ちになるのか、経営というビジネスには無頓着で小さな島の診療所で頑張るのか、その選択次第で、「持つ人」になるのか、「持たない人」になるのか分かれます。

これはどっちがいいとか悪いとか、そういうことではなくて、自分はどちらを選ぶのか、という選択の問題だけなのです。

ですから、お稲荷さんが言うのは、ここに住んだからといってお金持ちになれるわけではない、です。自分が「持つ人」になることを選ぶだけだそうです。なるほど〜、と思いました。早池峰山の白ヘビの神様が言っていたように、お金に関してはお稲荷さんのほうが詳しいようです。

高級住宅地の氏神様に聞いた成功運のはなし

多摩川浅間神社〈東京・田園調布〉

松濤だけでは物足りないので、どこかもう1ヶ所、別の高級住宅地にいる神様にもお話を聞いてみたいと思った私はネットで調べてみました。関西だったらどのへんが高級住宅地なのかすぐにわかるのですが、東京ですからさっぱりわかりません。シロガネーゼという言葉があるくらいなので、そのあたりがいいかなと思ったのですが、いまひとつピンときませんでした。

どこがいいかなぁ、と探していて、田園調布に氏神様がいることを知りました。一時期、漫才で「田園調布に家が建つ」と言われていた高級住宅地です。しかも「浅間《せんげん》神社」、富士山の神様が氏神様なのです。興味シンシンで行ってみました。

場所は東急多摩川駅から徒歩2分です。神社の正面、表参道から行くと、参道の入口にマニ車のようなものがありました。「大祓詞《おおはらいのことば》」と支柱に書かれています。クルクルまわす輪っか部分には祝詞が刻まれていました。

神社では珍しいな～、と思ってまわしてみると、涼やかな鈴の音もします。幣《ぬさ》が置いてあってセルフで清められるところはいくつか知っていますが、このような清め方式は初めてです。クルクルと何回かまわさせてもらいました。

石段を上って境内に一歩入ると、目の前に女性の神様が見えました。しかも、木花咲耶《このはなさくや》姫《ひめ》に見える衣装を着ています。おぉ～、なんだかすごい神様がいる、と思いました。

ここでちょっと説明をしておきますと、富士山の神様はもともと「浅間大神《あさまのおおかみ》」というお名前で古くから信仰を集めていました。江戸時代に入ると「木花咲耶姫」という神話の人物が富士山の神様であるという記述が出てきます。近世になって木花咲耶姫が浅間大神と同一視された説が有力です。しかし、この神社にいるのは女性の神様で、一見、木花咲耶姫なのです。

とりあえず、本殿で手を合わせてご挨拶をしました。本殿内はきらびやかな雰囲気でとても豪華です。金色に輝く大きな神楽鈴《かぐらすず》が神前に置いてあり、端のほうには金色にピカピ力光るお神輿《みこし》もありました。高級感あふれる内陣なのです。

その後、富士山が見える社務所の屋上（境内から見ると舞台のように見えます）に行って、はるか彼方にある富士山を眺めてみました。この日はあいにくの曇り空で、富士山は見えませんでしたが、お天気がいいと見えるみたいです。

成功する人は磁力で運、お金、人を引っ張る

まず、木花咲耶姫っぽく見えるお姿について聞くと、見る能力がある人が来た時にがっかりさせないため、というお言葉が返ってきました。神様のお心遣いなのです。これは石川県の白山比咩《しらやまひめ》神社の神様と一緒です。ご祭神がその人物（白山比咩神社は菊理媛《くくりひめ》となっています）であると信じて信仰している純粋な人々を思う、神様の優しいお気持ちなのです。

そうか～、と思うものの、女性の神様がどのような経緯でここにいらっしゃるのだろう？　と今度はそちらが気になりました。しかし、最初からあれこれ質問攻めにするのは失礼なので、私の富士山登山体験をお話しました。

「神様、私、富士山に登ったことがあるんです。５合目までですけど～」

「ほぅ」

「ふところの深〜い、素敵な山の神様がいらっしゃいました」

「そうか」

「山頂のあたりを黄色い龍が泳いでいたんですよ！　5合目の神社には大天狗さんとカラス天狗さんもいました」

「ふむ。それから？」

「富士山は特殊な場所で、人間が志願して修行ができるんです。古代から多くの人間が修行をして神様になっていて……あっ！」

と、ここでわかりました。多摩川浅間神社の神様は富士山で修行をした古代の人だったのです！　どこかの浅間神社から勧請されて来たわけではなく、富士山から直接来られていたのでした。私が気づくと、神様は「ホホホ」と上品に笑っておられました。

たまたま女性なので木花咲耶姫っぽい格好をしているけれど、全国にある浅間神社は男

性の神様のほうが多いそうです。男性の神様はそのままの姿でいる、と言っていました。

神様のことがわかったので、次に松濤のお稲荷さんに聞いたように成功運について質問をしてみました。

田園調布一帯も昔はただの村、ただの畑だったそうです。計画的に開発された街だということですが、成功した人物がそこに住み始めると、同様に成功した人が集まってくるそうです。すると土地の運気が上がって、住んでいる人もさらに運が良くなったりと相乗効果があるらしいです。

成功する人は磁力を持っている、と神様は言います（イメージです）。その磁力で運やお金を引っ張るだけでなく、人も引っ張るそうです。成功者はお互いの磁力で引き合うような感じになるため、寄り集まる傾向にあるそうです。それでお金持ちのコミュニティとか高級住宅地ができたりしやすいのかな、と思いました。

いや、待って、でも、悪い人たちも寄り集まる傾向があるよな〜、それも磁力？　と思ったら、そっちは「仲間のニオイがするから」らしいです。仲間としてつるむ、同じニオイを嗅ぎつけて仲間になるそうで、磁力ではないということでした。

お金を持つことは良いこととは限らない

次にお金を「持つ人」と「持たない人」について聞くと、生まれつき「持つ」となっている人もいる、と言います。しかし「持つ」となっているのに、ダラダラして怠けてばかりでは、結局持てないまま人生が終わったりもするそうで、必ずしもそうなるわけではないらしいです。

生まれつき「持つ」と決まっている人のことはわかりました。では、そうではない人が、人生の途中で「持つ人」になれるのか？　ということを質問すると、

「なれる」と、きっぱり言い切ります。

「どうやって、ですか？」

「…………」

この問いに神様は口を閉ざして教えてくれませんでした。

持たない人がどのようにして持つ人に変わるのでしょうか？　何が、どこが変わるのでしょうか……と、私は質問を変えて神様に聞きましたが、神様はシーンと黙ったままです。

人間に教えてはいけない内容かもしれないと思ったので、それ以上は聞かず、ぼんやり

と、普通の人が輝く大成功者に変化する様子を想像していたら……。

「金を持つことを良いこと、と、とらえていないか？」

と、神様が私に問いかけてきました。波動が高くなる、霊格が高くなる、それと同じように考えていないか？　と言うのです。つまり、レベルアップする、みたいに上にいく方向でとらえていないか？　ということです。

神様は、それは「違う」と言います。お金を持つことは良いこととは限らない、と。

ええ、神様、それは知っているのです。豊川稲荷東京別院のダキニ天さんにも言われました。しかし、私のところに来るメッセージを読むと、お金で苦労している人は本当に大変みたいです。ものすごくしんどい思いをしていたりします。お金をちょっと多く持つことで解決する問題もたくさんあると思うのです。苦しまなくて済むようになる人が多くいるはずです。だから、持つ人になる秘訣を見つけて、それを読者の方に伝えたいです、と言うと神様は黙って聞いていました。

それに……お金を持っていれば寄付もいっぱいできます。人にも社会にもたくさんしてあげることができるのではないでしょうか？　そう言うと、神様は、

「金を持っていて、有り余る金から施しをするのは当たり前である」と言います。

それよりも、少ない手持ちのお金から寄付をするほうがどれだけ尊いか……と、その説明をしてくれました。手取りが15万円で、生活がギリギリ、あっぷあっぷしながら生きていて、それでもそこからいくらかを、たとえば被災地や恵まれない子どものために寄付をする。自分が使おうと思っていた大事な千円を、自分が我慢してでも誰かのために寄付をする。それがどれだけ霊格を上げる行為か、わかるか、と言うのです。それができるのは、持たない人だからである、とのことでした。

ああ、たしかに、と思いました。私はそのような経済状態の生活を、結構長い間していました。しかしお金がないことを不幸だと思ったことはありません。神仏に会いに行けば歓迎してもらえ、仕事もそれなりにやりがいがありました。健康だし、節約をすればちょっとした遠出もできました。お給料日前に食べ物が粗末になる、お洋服などはめったに買えない、その程度の不自由さでしたから、たいしたことはなかったのです。

お金を持つことは良いことではないし、かといって、悪いことでもない、ニュートラルな現象だと神様は言います。だからそこにこだわらないほうがいい、みたいなニュアンスでした。しかし、お金がないために解決できない問題を抱えている人がいるのも事実で……金運のお話は本当に難しいです。

境内には秘めたパワーのある水晶が

多摩川浅間神社には境内社が4社あります。祠が4つ並べられていて、左から「阿夫利《あふり》神社」「三峯《みつみね》神社」「稲荷神社」「小御嶽《こみたけ》神社」と書かれていました。お稲荷さんのところだけ入っていませんでしたが、他は眷属が1体ずつ来られていました。三峯神社はしゅっとしたカッコイイ眷属がクールに座っていましたので、「親分によろしくお伝え下さい」とご挨拶をしました。

秘めたパワーのある水晶玉

境内には大きな水晶球も置かれています。「開運水晶玉」だそうで、頭の大きさくらいの白い水晶の球体が台座の上に固定されていました。

台座はまわせるようになっていて、干支の文字が刻まれており、【祈願する方の干支を霊峰富士に合わせ遥拝してください】と書かれていました。どれどれ？　と、やってみましたが、効果のほどはよくわかりませんでした。

ただ、水晶には秘めたパワーがありました。ごく普通に写真を撮る分にはなんともなかったのですが、太陽光をかざすというか、太陽光を通過させると、得体のしれないパワーを出すのです。そのせいでカメラのピントがしばらく合いませんでした。

一体なんのパワー？　と、もっと観察したかったのですが、参拝者が数名そばにいたので長々と占領するのは憚《はばか》られました。良い方向に作用することは間違いないので、お近くにお住まいの方は時々撫でに行くといいかもしれません。私も非常に興味があるので、また見に行こうと思います。

この神社のまわりには古墳が多くあり、帰宅して調べてみたら、神社が建っている下にも前方後円墳があるそうです。もしかしたら、その古墳の被葬者があの神様ではないか……と思いました。上品に笑っていたお姿が庶民ではないように感じたからです。木花咲耶姫に見えるお姿も、実はフッーに生前のものだったりして、とも思いました。

亡くなられて富士山に修行に行き、ご自分でうまくここに浅間神社が建つようにコントロールして戻ってこられたのでは……と、思います。これはご本人に確認していないので、私の勝手な推測ですが、そう外れてはいないように思います。

お金持ちになる方法、ひとまずの結論

運の玉を育てるのは根気がいる

成功した〝お金持ち〟になるには、どうやらお金を「持つ人」になる、それを〝選択する〟ことらしいです。では、どうやって選択すればいいのか、どうすれば選択した人になれるのか……何かピンポイントでそうなれる具体的な方法があると思うのですが、残念ながら私のリサーチではまだそこまでわかっておりません。

自分で自分の運の玉をせっせと磨いて大きくする、という方法はわかっています（『運玉』という本にやり方を詳しく書いています）。これは自分がもともと持っている運をさらに大きくして、それで、のし上がっていくと言いますか、羽ばたくと言いますか、大出世を果たす方法です。先に自分自身を大きく出世（成功）させておき、あとから遅れてついてくる金運で豊かになる、という順序になります。

この運玉を磨く方法は難しい部分があって、根性がなければ続きません。気がつくと運玉の存在すら忘れていました、という状態になるからです。継続させることが非常に困難な方法なのです。最初は「いい調子♪」と張り切って頑張るのですが、だんだん磨く間隔が大きくなっていって、しまいにはフェイドアウトする……という人がいると思います。

そこに至る途中で、磨く頻度がどんどん下がっていきますから、当然効果も薄れていきます。「ダメだわ〜、全然、効かないわぁ〜」となるので、ますますモチベーションが下がり、最終的に運玉を捨ててしまう人もいるでしょう。

運気が一気に上がる確実な方法

お金を「持つ人」になる具体的な方法がまだわからない、運玉を磨くのは根気がなくて無理、これ以外に手だてはないのか、というと、実はあるのです。うまくいけば、これが一番確実ではないかと私は思っています。

それが〝神様に家に来ていただく〟という方法です（メインの神様はご祭神として神社にいなければいけないため、正確に言うと、その神社にいる別の神様、修行中の神様見習い、もしくは眷属に来ていただく、です)。

先ほど書きましたように、銀座稲荷や成功稲荷のお稲荷さんは強いパワーを持っていました。そのパワーで、お店や会社、人の運勢をぐーんと押し上げてくれます。お稲荷さんですから、商売繁盛方面が得意なのです。それは、〝稲穂のようにお金が育つ〟ごりやくがあるからです。神様の力によって、家や会社の運気が一気に上がるのです。

お稲荷さんは、自分が生まれる前に決めてきた運命を変えてくれるのではありません。〝運勢〟を変えてくれるのです。社長になると決めた今世の計画はそのままですが、収支がトントンである会社の社長になるのか、世界に羽ばたく大企業の社長になるのか、そこは運勢だけの問題で、社長になる人生の計画は変わりません。

神様に来てもらうことで発展した会社やお店は、日本中に数え切れないほどあるのではないかと思います。

パナソニックは松下幸之助さんが創業初期に屋敷神ともいえる社内神社を作り、白龍大明神を祀っていますし、トヨタ自動車は会社設立の2年後に、同じく社内神社「豊興《ほうこう》神社」を建立しています。

サッポロビール、アサヒビール、花王、日本航空、テレビ朝日、東洋水産、新日鐵住金をはじめ多くの企業が社内神社を持っているそうですし、日立製作所の熊野神社、ワコールの和江《わこう》神社、キッコーマンの琴平《ことひら》神社、三菱グループの土佐稲荷神社なども有名です。大きな会社に発展させる成功運をもらう創業者や社長は、信心深い方が多いようです。

力の弱い神様が勧請されてしまうこともある

では、勧請して神様に来てもらうといいのね、成功するのね、というとそうとも限らないのが、これまた難しいところで……。強い神様が実際に来てくれたら、世界のパナソニックになれます。世界の資生堂に発展するのです。しかし、同じ神社から勧請をした会社でも、世界の大企業になっていないところはたくさんあると思います。そちらのほうが多いと思われます。

いくら正式に勧請をしても、神様が来なければ会社は発展しないのです。お社は窓口程度の繋がりで神様はいませんから、どんなにお供え物をあげても発展しませんし、時々神職さんに来てもらって祝詞をあげたりしても、神様が来ていなければ意味がありません。

重要なのは本当に神様に来てもらえるかどうか、そこです。来てもらえたら、会社はうまくまわります。利益が出ます。さらに来てくれたのが、力が強い神様であれば、世界の大企業にまで発展、成長するわけです。どのような神様が来るのか、で成長具合が変わります。力が弱ければ、世界に羽ばたく会社になるのは無理だと思います。なんとかやっていける規模止まりかもしれません。

すごくパワーのある神様が来てくれたとしても、お世話をサボったり、心からの信仰心がなければ、神様は力を貸してくれませんし、最悪の場合はお帰りになります。

「いえいえ、大企業の社長になるとか、私はそこまでの大成功は望んでいないのです。子どもの頃から夢だった自分のお店を持ちたいだけです」

「会社を辞める気はないので、生活が少し豊かになるくらいの出世でいいです」

「自分の家を持ちたいので、家を買うお金があればそれでいいです」

などなど、金運に対する思いはさまざまだと思います。どんなサイズの希望でも、神様に来ていただければうまくいきます。

だったら、是非とも神様に来てもらいたい、どうすればいいのでしょうか？　というのが次にくる質問だと思います。来ていただくには、２つの方法があります。

まずは、屋敷神として正式に勧請をするやり方です。それには屋敷神としてふさわしいお社を建てなければなりません。神棚に勧請をする場合でも失礼がないように、それなりに整えて準備をしなければなりません。

神社に正式に勧請をお願いし、その後はせっせとお世話をします。しんどいから、忙しいから、お金がないからといって、お供え物をパスしたりはできません（ここで言うお供え物とは、お酒やお塩、榊、野菜・果物・魚などの盛物です）。

勧請は強引に自分の家に神様を呼ぶ、無理を言って来てもらう、そのままずっと滞在して働いてもらうということですから、お世話をサボるのはありえないのです。そこまでの覚悟がなければ正式な勧請はやめたほうがいいです。放っておいてしまったために機嫌が悪くなる屋敷神もいるからです。

それと……正式に勧請をしたからといって、必ず神様が来てくれる保証はない、という問題もあります。これは神職さんの力量や、勧請のやり方などに左右されます。

神様は、黙って人間の言いなりになる存在（人間より格下の存在）ではありませんから、「この家は嫌じゃ」と拒否することも普通にあります。そうなった場合、説得をして入ってもらわなければなりませんから、難しい部分もあります。

もしも勧請がうまくいったとしても、〝力がある〟神様を勧請できたかどうかは、先にならないとわかりません。万が一、そんなに位が上ではない、力の弱い神様が勧請されたとしても、お世話をしますと約束している以上、大切にしなければなりません。カッカツでやっていける程度で全然ごりやくないわ〜、となっても、お世話をやめるわけにはいかないのです。いくら伏見稲荷、豊川稲荷から勧請した神様でも、それが力の弱い眷属だったら、大きな金運や成功運は望めないと思います。

神様の意思で来ていただくには

そこで、これがベストかな、と私が思うのは、自分で神様に来てもらえるように頑張る、ということです。あちこちの神社を参拝していると、「ここは好きだな〜」と思える神社に必ず出合います。ホッとするな〜とか、癒される〜と感じる神社です。それは自分と相性の良い神様がいらっしゃる証拠です。歓迎されている神社と言ってもいいかと思います。

そのような神社でおふだをいただき、神棚を作って祀ります。最低限のお世話として、1日と15日はお神酒と榊をお供えし、お塩を交換します（神棚の祀り方、お供えの仕方については『神社仏閣パワースポットで神さまとコンタクトしてきました』に詳しく書いています）。

最初は、祀っているおふだは窓口です。神社に繋がる小さなどこでもドアです。しかし、丁寧に祀っていると、神様にそのことが伝わります。参拝も時々行って、自分はこうしたい、ああしたいと夢を熱く語っていれば、「よし、いっちょ手伝ってやるか」と修行中の神様や力が強い眷属が来て下さる可能性は大いにあります。

神様が向こうから来てくれる分には、多少お世話ができなくても機嫌を悪くすることはありません。「お世話をしっかりしますから、うちに来て下さい」と約束をする勧請とは根本的に違うからです。そこに約束はありませんし、言い方を変えれば神様のほうから勝手に来ているわけですから、人間に無理は言いません。

ちなみに、神社などで「うちに来て下さい」と自分から言うのは感心しないです。要求するとかえって来てもらえなくなる可能性がありますし、来い、というのは勧請と同じですから、あとが難しいです。

あくまでも神様のほうから、神様の意思で来ていただくのがベストです。来てもらえたら、自分の望む金運に合った生活レベルで、安定して暮らせます。

眷属に来てもらえることで有名な三峯神社の〝御眷属拝借〟は、悪いものを「祓《はら》う」ための制度です。家の中の「魔」は祓えますが、「金運をもたらす」ことや、「運勢を上げる」ことはできません。専門外だからです。

お子さんがイジメにあっていて引っ越しをしたいが費用が足りない、上階の人の嫌がらせで精神的に参って病院通いをしているが費用の関係で引っ越せない、ひどい夫だけどお金がないので離婚ができない、妊活を続けたいが費用の問題で断念せざるを得ない、借金があってなかなか完済できず生活が苦しいなど、とても深刻な金銭的悩みが綴られたメッセージが、私のもとに多く届きます。

読むたびに、簡単に大金が入る方法はないのか、なんとか見つけてお伝えしたい、と心から思います。金運が上がればたちどころに悩みが解決する、という方は、たくさんおられるように思います。

ここまでで、どんな人でも「持つ人」にはなれる、ということがわかりました。それは選択の問題だけで、特別な人間だけが享受できる特典ではないのです。具体的にどうすればいいのか……神様に来ていただく以外に方法はないのか、この先も頑張って調べていきたいと思います。

第3章

開運を妨げる「魔」を寄せつけない

人に頼んで祓う場合

ある日突然乗っかってくる

いきなりですが、霊はある日突然乗っかってきます。成仏できなくてその方法がわからない、成仏させてほしいとついてくる霊がいますが、こちらはまだいいほうです。ひょいっと軽くつくので、ひょいっと軽く離れます。この霊だったら、以前に書いた方法で離れてくれるものが多いですし、神社仏閣に行って神様仏様にお願いすると祓ってもらえます（詳細は『神様、福運を招くコツはありますか？』に書いています）。

厄介なのは悪意を持ってつく霊、力を持っている悪霊です（私はこの手のものをまとめて「魔」と呼んだりもしています）。

えーっ？　そんなものがこの世の中に本当にいるの？　と思われるかもしれませんが、実際にいます。こちらは「こいつに取りついてやろう」と、はっきりとした意思を持っていますから、なかなか離れません。強い悪霊はめったにいませんが、万が一、つかれたら困ります。不幸が立て続けに起こる、病気にかかる、事故に遭う、運勢がどんどん下降していく、などの現象が起きるからです。

成仏させてほしい、助けてほしいという幽霊であれば、つかれたことに気づかず放っておいても、「あ〜、この人は助けてくれないんだ」とわかると、自分から違う人のところへ行きます。目的が「成仏したい」なので、助けてくれる人を探してさまよう、というわけです。成仏させてもらえれば誰でもいいわけですから、人に執着しません。サラリと離れて別のところに行きます。

しかし、悪霊はしつこいです。私のところに届くメッセージでは、突然声が聞こえた、話しかけてきた、という場合が少なからずあります。最初は神仏のふりをして話しかけてくる悪霊もいます。ナニナニという神である、お前を守ってやる、などと言い、それを受け入れてしまうと離れなくなります。

声が聞こえればつかれたことがわかりますが、聞こえない、見えない場合はわかりづらいかもしれません。病院で検査をしてもどこも悪くない、でも原因不明の体の不調が長く続くとか（体調不良の場合は生霊も考えられます）、不幸な出来事が続く、運気が急にどんどん底まで落ちて回復しない等、それらはもしかしたら悪霊の仕業《しわざ》かもしれません。

中途半端な力の霊能者が一番怖い

そこでまず皆様が考えるのは、この悪霊を誰かに祓ってもらいたい、ではないでしょうか。霊能者に祓ってもらえば一発で離れてくれてスッキリする、と思われるかもしれません。

しかし、能力の高い霊能者はそんなに多くいないのが現実です。能力はピンからキリまでで……というか、ほとんどが〝キリ〟のほうです。

本物のすごい能力を持った人だったら、一発で祓ってくれます。祓ったあとに結界を張ってくれたりもして、その後のケアまでしてくれる人がいるかもしれません。けれど、それはほんのひと握りの霊能者です。それだけの能力を持った霊能者は、そのへんにごろごろいないのが現状です。

知っておかれたほうがいい事実は、霊能者という看板を掲げている人が全員正しい能力を持っているわけではない、ということです。中途半端な能力の人もいますし、能力がほんのわずかしかない人、中にはまったくないのに堂々と霊能者だと自称する人もいます。

そのような人のところへ行って、施術（術を施されるという意味で使っています）を受けるのは非常に恐ろしいことである、という認識は持っておいたほうがいいです。訳のわからない施術を受けてから、体調が悪くなって元に戻らないという人が現実にいるからです。それも1人や2人ではありません。

霊能者本人は気づいていないかもしれませんが、適当なことをしたために良くない作用を引き起こす術をかけてしまっていることもあるのです。そんな術をかけられたら、ほどくのが大変です。悪霊に憑依《ひょうい》されてもいないのに、鑑定で「霊がついています、除霊しましょう」と言われたら、誰もが「お願いします」と言ってしまうのではないでしょうか。

何もついていないのに変な除霊術をされてしまい、それがもとで体調が悪くなったら、治すためにはその術をほどかなくてはなりません。術をほどく能力がある人を探さなければいけないのです。自分の体に何かをさせる、それが見えない世界に作用するものである、というのは、実はものすごく恐ろしいことなのです。

さらに、仮についている悪霊がいたとして、除霊をしても全然効かない、まったく説得に応じない場合もあります。猛烈に邪悪な部類の悪霊です。たまにつかれた人が暴れ出すこともあります。そうなった時に邪悪な霊を無理やり引きはがす、もしくは退治できる能力を持った霊能者でなければ、あとが怖いです。

お寺なら大きな失敗はないのでは

ですから、霊能者にお願いをしようと思ったら、信用できる人を徹底的に探すことをおすすめします。知人が実際に施術を受けたとか実績で判断したほうがいいです。知人にそんな人はいない、人に霊のことは話しにくい、というわけで、ネットで探す方もいらっしゃるかと思います。その場合、リスクもしっかり考えてからにしたほうがいいです。

もしも私に霊感がなく、霊能者の知り合いがいない（実際にいません）、紹介してくれる人もいない、という状況だったらどうするか……真剣に考えてみました。

ネットで探すのは賭けです。大当たりを引くかもしれませんが、ハズレを引く可能性のほうが確率としては断然高く、それもただのハズレで済めばまだいいほうで、訳のわからないことをされて悪霊とダブルで、その先もっとしんどいことになるかもしれません。

私だったら……賭けはしないです。もちろん考え方の問題ですから、賭けてもいいと思います。ここでお断りしておきたいのは、霊能者の人が皆さん、すべて中途半端な力というわけではありません。中には浄霊も除霊もできて、さらに病気を治す力までお持ちの素晴らしい霊能者の人もいます。

ネットで探すという方は、霊能者と何回かお会いしてお話を聞くとか、くれぐれも慎重になさったほうがいいですよと、そのようなお話です。この人は信用しても大丈夫、自分の体に何かをさせても大丈夫、と納得してから浄霊や除霊を決めたほうがいいです。

施術と称して性的に体を触ったりする人もいるそうで、そのような被害に遭われた方からもメッセージを何通かいただいています。女性の方は用心なさって下さい。

リスクの高い賭けはしないと決めた場合、では乗っかっている悪霊をどうすればいいのか……。〝誰かに祓ってもらいたい〟という、この方法でいくとしたら、私だったらお寺に行くかな、と思います。

修行を積んだお坊さんでも、能力がある人とない人がいると思われますが、お寺には仏様がいます。もしも力がないお坊さんだったとしても、大きな失敗はしないのでは……というのが理由です（検証をしていませんから、断言ができないことをお断りしておきます）。

以上が、〝人に頼んで〟悪霊をなんとかしてもらうという方向で、浄霊・除霊をする際の、知っておいたほうが良いリスクです。

お不動さんに祓ってもらった私の体験

「人助けをしたい」と乗ってきたお坊さんの霊

憑き物は、人に頼まなくてもなんとかなるの？　自分で除霊をすることができるの？　というところで、私の体験をお話したいと思います。

これはもうずいぶん前になりますが、某神社での出来事です。有名ではない神社なので、私も現地に行くまでは存在を知りませんでした。参拝する人が誰もいないのでは？　と思ってしまうような、さびれた感じがする古い神社でした。

社殿を見ると、神様（最初はそう思ったのでこう書いています）が、鬼のような姿をしていました。初めて見る姿の神様で、珍しいな、と思いました。神仏習合時代からの神社ですから、金剛力士のような仏様がそのまま残っているのかな？　とも考えました。そのような神社があるのか、と聞かれれば、まだ参拝したことはないのですが、その神社は雰囲気的にありそうだったのです。非常に変わった「気」を持つ神社だったからです。

珍しいので、まじまじと見せてもらいましたが、どう見ても金剛力士のような仏様ではなく〝鬼〟なのです。上半身が裸で、足は裸足、顔はそのまま鬼です。下から見上げていたのでツノは見えませんでした。

鬼がご祭神とかあるのかな～？　おかしいな、と思いつつも、話しかけてみました。しかし、どんなに話しかけても鬼は知らん顔、完全に無視の状態でした。境内には神様の波動がなく、変だな、と思いながら参拝を終えました。

そこから車でちょっと走った場所に、お寺の墓地がありました。一種独特の雰囲気で、入口付近では墓地だと気づきません。記念碑などがあったので、そこで車を降りて散策し、奥のほうへ歩いて行くと……お墓がありました。そこは先ほどの神社が神仏習合時代だった時に、神社の管理をしていたお寺の、歴代の僧侶のお墓でした。ずら～っと並んでいます。

古い時代の墓石があったので、刻まれている文字を読んでいると、初代のお坊さんが出てきました。昔の人だからかとても背が低くて、１４５センチくらい？　もしかしたら１４０センチくらいだったかもしれません。

「○○神社へ行ったか？」と、いきなり聞いてきました。

「はい」

「鬼が見えただろう？」

「見えました！」

「あの鬼はワシが退治して封じ込めたのだ」

えーっ！　そんなんあり？　と思いました。〝神社に〟封じ込めるとかありなの？　と、疑問に思っていると、初代お坊さんは続けます。神社に封じ込めて、鬼が動けないように〝祀った〟と言うのです。そしてその後、ずっとこのお坊さんが監視をしているそうです。

「それで、鬼は改心して神様修行をしているのですか？」と聞くと、答えは「ノー」でした。

鬼は神様ではないため人々の願いを叶えたりしないので、神社に来る参拝客を思って、この初代のお坊さんと、初代から2〜3代あとのお坊さんが時々神社に行って働いているとのことです。鬼の監視と参拝客のお世話です。珍しい神社があるものだな、と思いました。

ちなみにこの神社に参拝しても問題はありません。公けには、ご祭神はもちろん鬼ではなく、ちゃんとした神様になっています。鬼は完全に封じ込められていますし、お坊さんが監視をしていますので心配はいりません。

鬼の由緒がわかってスッキリした私は墓地を出て車に乗りました。発車したと同時に、ずっしりと体が重たくなりました。姿勢をまっすぐに保てない、という重さです。あれ？と思っていると、1分も経たないうちに、今度は猛烈な頭痛がしました。

ハッと気づくと、お坊さんが3人、私に乗っかっています。3人は、私と初代お坊さんの会話を聞いていたようで、「お前についていって、人々のために働きたい」と言います。自分たちがついていくことはありがたいだろう？　というニュアンスです。

いやいや、すみませんがご遠慮致します、重くてしんどいです……と言うか、乗せるのイヤです！　と思いました。失礼のないようにお断りをすると、2名は納得してすぐに帰っていきましたが、残る1名が頑強に離れてくれません。

「成仏させてほしい」と取りついている幽霊ではなく、私にくっついて「人助けをしたい！」と強い意志を持っていますから、説得した程度では離れないのです。きっと、最近の時代の人だと思いますが、どうしてお坊さんでありながら成仏していないのか……。これはあとからそう思っただけで、その時は必死です。「どうしよう！」と焦りました。

霊関係のピンチに頼るのはお不動さん

霊が離れてくれない……このような時にお願いをするのは、お不動さんが一番です。私にご縁を下さっているお不動さんに、「助けて下さい！」とお願いをすると、ひゅっとすぐに来てくれました。

「お坊さんが私から離れてくれないのです、どうか、祓って下さい。お願いします」

そう言って、真言を唱えました。こういう場合、いつも〝9回〟真言を唱えるように言われます。あちこちのお寺で聞く真言、つまり、僧侶の方が通常唱える回数は3回です。祈禱の時や修行をされている時は違うと思いますが、一般的に唱える場合は3回みたいです。

それを9回と言われるということは、3回×3回？　それで9回？　と私は思っているのですが、理由はわかりません。いつも「お不動さん、助けて下さいー！」というシチュエーションで呼んで、〝9回〟と言われていますから、理由を悠長に聞いている余裕がないのです。とにかく言われるままに必死で唱えています。

ブログにこの話を書いたあとで、読者の方から金縛りの体験談が届きました。体が動かなくなって夢中で真言を3回唱えたけれどまったく効かず、9回唱えたところ、スッと金縛りがとけたそうです。9回唱えるのは誰にとっても強力バージョンになるようです。

実は私は、このお坊さんに乗っかられた体験以外にも、危ないものに乗っかられたことが何回かあって、その時は9回唱えている間にお不動さんが祓ってくれました。

しかし、驚くことに今回のこのお坊さんは、9回では離れませんでした。生前に仏様に仕えていたから仏の波動に強いのか、真言に慣れているのか、そこは不明でしたが、べったりついたままです。

離れない！　と思うと、くらくらとめまいがしました。するとお不動さんが、「もう一度9回唱えよ」と言います。もう必死で、大声を出して唱えました。そして最後の1回を唱え終わった時に、お不動さんがお坊さんを火で焼きました。焼かれたお坊さんは、ギャーーッと言って私から離れ、その離れた瞬間に、お不動さんが車の空間から外に出してくれました。後方でお坊さんが燃えているのが見えました。

誤解のないように言っておきますと、お坊さんは燃えて消滅するのではなく、燃え尽きるともとの霊になって、お墓に戻ります。錯覚を利用した術のようなものです。ただし、相手が悪霊・魑魅魍魎だと、お不動さんは本当に焼いて消滅させます。

高速道路で死にかけた時も助けてくれた

もう一つ、祓ってもらって命拾いをした体験をお話しします。

高速道路を走っていた時でした。私は右側の追い越し車線を走っていました。次の瞬間、突然、腰椎が激しく痛みました。文字にすると、そうでもないように思われるかもしれませんが、背骨のくびれた部分に死ぬほどの激痛が走りました。気を失いそうになるくらいの痛みです。

しかし、後続車がいますから、ブレーキを踏んだり、スピードを緩めるわけにはいきません。大事故の原因になってしまいます。右側車線なので、路肩に緊急停車するわけにもいきません。

腰椎が痛くて痛くて、痛みをなんとかしようと、体が自然とのけぞってしまいます。そうすると、アクセルから足が離れそうになり……あかんあかん、大事故になる、と気力でアクセルを踏みました。

骨がギリギリと砕けていくような激痛で、次第に足が痺《しび》れてきました。痺れるとアクセルがうまく踏めません。必死でなんとかしようとすると、今度は足がガクガク震えてきたのです。震えは意思で止められるものではなく、車が微妙にバランスを崩すと言うか、スピードがバラつき始めました。

どうやらその高速道路で事故死をした霊が私に乗っかったようでした。

「お不動さーん！　助けてーっ！　助けて下さいっ！」と、大声で助けを呼び、夢中で真言を唱えました。お不動さんはすぐに来てくれて、

「９回唱えよ！」と言いました。震える足でなんとかアクセルを踏み、ハンドル制御に必死だった私ですから、数える余裕などありません。ひたすら大声で唱えていると、９回目と思われるところで、嘘のように痛みがすべてピタッと消えました。

え？　と思うと、足の震えも痺れもキレイさっぱり、一瞬で消滅しています。腰をもぞもぞと動かしてみましたが、なんともありません。よかった……と半泣きになりました。

この時は猛スピードで走る車の中でしたから、一瞬の判断や誤った操作が大惨事に繋がることもあるわけで、死ぬのが自分だけならまだしも、人の命を奪う可能性があり……祓ってもらった後も、心臓のバクバクはしばらく収まりませんでした。高速道路で原因不明の事故の中には、このように霊につかれた場合があるのでは……と、自分の体験からそう思いました。

不動明王にご縁をいただく方法

まずは自分と合うお不動さんを探す

いつもお断りしていますが、私は自分が体験したまま、見たまま、聞いたままを書いています。お不動さんという仏様に関することなのですが、仏教の教義、および、僧侶の方の見解とは異なっていると思います。そこをご理解いただいたうえで、お読み下さいますようお願い申し上げます。

霊関係はお不動さんが頼りになります。高野山で空海さんに教えてもらったのですが、お不動さんなら生き霊も〝はがせる〟そうです（このお話は、『聖地・高野山で教えてもらったもっと！神仏のご縁をもらうコツ』という本に書いています）。幽霊も生き霊も、お不動さんの力を借りれば大丈夫、というわけです。

私はこれまで、お不動さんにご縁をもらう大切さをさりげなく、しかし、結構しつこく書いてきました。登山をする人には、山に入る前にお不動さんの真言をもらっておいて下さいね、お不動さんの真言だけは持って行って下さいね、と、こちらも「しつこいなぁ、識子さん」と思われるくらい書いてきました。自分の身を守るためには、本当に大切で必要なことだからです。

まず、ご縁をもらうにはどこに行ったらいいのか？　ですが、なるべく強いお不動さんのところに行きます。私がご縁をいただいているのは、吉野山の金峯山寺《きんぷせんじ》にいるお不動さんです。力が〝強烈に〟強く、そのうえ、ものすごく面倒見が良い仏様です。

「え〜、でも、識子さんが本に書いているから、たくさんの人が行って、ご縁をもらう人がいっぱいいますよね？　それって、守りが薄くなるのではないですか？」このような疑問を持たれた方がいらっしゃるかと思いますが、大丈夫です。

仏様には守れる人数の制限はありません。もしも、持っている力の量が一定だとしたら、その量を人数で割る、ということになるので、参拝者が多いところはご加護が薄い、となってしまいます。仏様は人間とは違いますし、存在する世界が違いますから、持っている力に限界はないのです。

仏様と信仰をする人との関係は常に1対1であり、他に何百人、何万人の人がご縁をもらっていようとも、自分と仏様が繋がっている道に影響を及ぼすことはありません。

全国をくまなく回ったわけではないので、都道府県別にどこのお不動さんが強いのか、おすすめすることができないのですが、私が強いとおすすめしたお不動さんでも人によっては相性がイマイチだったりするため、ご自分の直感で探されたほうが確実だと思います。

探すポイントとしては「修験者を守るお不動さん」、この系統が強いです。昔は修験者の修行の山でした、という山の中、もしくはふもとにあるお不動さんです。山の奥深くにいる「魔」と戦うため、大きなパワーを持っています。

次は空海さんが開眼したとか、力がある僧が〝本当に〟開眼したお不動さんです。こちらも強いです。毎日のように護摩《ごま》祈禱（護摩供・護摩焚き）をされているお不動さんも、パワーアップされていて強い力を持っていますし、お寺に大切にされている……丁寧に勤行《ごんぎょう》されていて、お寺の人に大事に大事にお守りされているお不動さんも強いです。

私は吉野山のお不動さんと出会うまで、かなりの時間を要しました。あちこちのお寺の不動明王像にせっせと会いに行き、自分と合うお不動さんを探しました。いくつかの不動明王像を見てまわると、必ず「このお不動さんだ！」とわかる仏像に出会えます。

自分と合う仏様は、行った瞬間や仏像を見た瞬間に「大好き！」という感情が湧いたり、なぜか無性に惹きつけられるという気持ちになりますから、すぐにわかります。そのような仏像に出会ったら、それが自分と合う仏像＝仏様の窓口です。

ご縁を催促するのは逆効果

こうして見つけた自分と合う、好きだと思う不動明王像には、是非！　ご縁をいただきたいところですが、ご縁がいただけるかどうかは仏様次第です。向こうが与えてくれるものなので、「ご縁を私に下さい」「ご縁がほしいです」と、こちらから催促するのはちょっと違います。催促をすると、欲張りな心が前面に出てしまいますから、逆効果です。ここはもう、真心でぶつかるしか方法はありません。

ご縁をもらうことに関しては、霊感があるとか、霊能力があるとか、そんなことは一切関係ないです。仏様が見ているのは信仰心やその人の人柄です。私は神様にも仏様にも、心の底から湧き上がる「大好き！」という感情を、そのままお見せしています。境内に入る前から、ワクワクウキウキしていて、それは「大好きな人に会いに行く」という感覚です。

神仏は、恐れ敬わなければいけない存在ですが、だからと言って、ビクビクしたり、よそよそしい態度でお話したり、距離を置いたりしなくてもいいのです。失礼のないように……そこさえ気をつければ、あとは、お慕いする気持ち全開で構いません。神仏を心から信頼している、深く信仰している、そのような気持ちが丸わかり状態のほうが好まれます。

さらにそこで、「何かあった時にここに来ることをお許し下さい、その時はどうかお助け下さい」(ご縁をもらうことが前提ではなく、ご縁がないことが前提で、あくまでも自分からお寺に来ます、という言い方です)と、真心こめて、一生懸命にお話をすれば、ほとんどの場合、ご縁はいただけるのではないかと思います。

ご縁は参拝初日で下さる神仏もいますが、何回か通ってやっと下さる神仏もいます。そこに決まりはなく、これは神仏によります。ですから、このお不動さんが好きだな〜と思ったら、何回か参拝に行くといいです。行けば行くほど、ますます厚いご加護がいただけますし、ご縁もいただけると思います。

危険な時はいつでも何度でも助けて下さる

ご縁がいただけたら、緊急時に呼ぶとお不動さんが来てくれます。自分とお不動さんに道ができていますから、お守りを持つ必要はありません。ただし、緊急ではない時に呼ぶのはルール違反です。

たとえば、お願いを叶えてほしいとか、腹が立ったからあの人をなんとかしてほしい、などです。お不動さんを呼ぶ、ということは、〝仏様〟に対して、自分のところまで来い、と呼びつけることになりますから、失礼がないよう慎重にしなくてはいけません。くだらないことで何回も呼びつけていると、その行為はお不動さんを子分扱い、家来扱いにしているということで……そのうち来てくれなくなるかもしれません。

危険な時は、これはもう、遠慮なくお呼びして大丈夫です。霊感がないので、霊につかれているのかどうかわかりません、危険なのかどうか判断がつきません、とおっしゃる方はご自分の感覚で「なんだかおかしい」「危険な気がする」と思ったら、呼んでもさしつかえないです。それが間違いだったとしても、自分が「危険」と本気で

思ったわけですから、お不動さんも怒ったりしませんし、お不動さんが来てみて、危険でないとわかればすぐにお帰りになります。

このようにお不動さんは、〝来てくれて〟その場で悪いものを祓ったり、霊から助けてくれるので、ご縁をいただくことは本当にありがたいことです。

「何回か通いましたが、ご縁をいただけているかどうかわからないです……」という場合ですが、何回か通えば、ご縁はもらえているように思います。それでも不安な方は、そのお不動さんのお守りを買うといいです。

お守りは神仏にSOSを発信する小型発信機のようなものです。握りしめて「助けて下さい！」と念を込めてお願いすると、お守りの波動に乗って神仏に声が届きます。神仏のほうも、お守りの波動を目印に飛んで来ることができます（このような用途で持つ場合は、半年経ったら新しいものと交換し、常に波動入りのお守りを持つようにします）。

身を守る真言の力

真言だけでも悪霊からのバリアとなる

真言は、お寺の勤行で唱えられているのを聞いて覚える、お寺でお坊さんに教えてもらう、お寺のお不動さんの前に書かれているものを見て授かる（これはお不動さんから直接もらったと考えていいです）という方法のいずれかでいただきます。

今はネットで簡単に調べることができますが、調べて覚えた真言に力はありません。ですから、まだ真言を持っていない、という方はどこかのお寺に行って、お不動さんにいただくといいです。

お寺に行ったらそこに真言が書かれていて真言を授かることができた、この場合、ご縁もいただけているのかというと、残念ながらそれは別のお話になります。真言はもらえても、ご縁はまだ……という場合がありますし、真言と同時にご縁までもらえているという、ラッキーな人もいます。

私は役行者《えんのぎょうじゃ》の真言を、仏様の聖域で修験者の方が勤行しているのを聞いて、いただくことができました。しかしまだ、役行者ご本人からご縁はいただいておりません。ご縁はいただいていなくても、真言は効力を発揮して、私を助けてくれています。

ですから、真言を授かったということは、それだけでも大変ありがたいことなのです。仏様にいただいた真言は仏様を呼ばなくても、唱えるだけで力を発揮してくれます。

その具体例ですが、私はある民間信仰の場所に行ったことがあります。そこにはたくさんの仏像や人形があって、幽霊でもなければ神仏でもない存在が多くいました。どちらかというと、かなり霊に近い存在でした。その霊が神仏のふりをして中途半端なことをしています。

「うわ～、本格的にヤバいな、ここは……」と、絶句してしまう妖気でした。

そのままそ～っと帰ろうとしたのですが、何体かの存在が私に気づき、こちらにす～っと寄ってきました。ついてこられては困るので、そこからはお不動さんの真言を延々と唱え続けました。

小高い山だったため下の駐車場までかなり歩きましたが、途切れないように気合を入れて唱えました。この時はお不動さん本人を呼んでいません。真言の力だけを借りたのです。唱え続けていると、真言は私の体のまわりをクルクルとらせん状に回るような感じでバリアとなってくれ、霊たちは、私に乗っかるどころかそばにも寄れませんでした。

このように真言を唱えて助けてもらっても、お不動さんは呼んでいない、という場合がよくあります。つまり真言だけでも力が発揮されるのです。真言を唱えたからといって、お不動さんを呼んでいることにはなりませんので、ここでも気を使わなくて大丈夫です。危険な時は、「助けてー！」と魂が叫んでいるので、ご縁をいただいていれば、お不動さんが来てくれます。「真言をしょっちゅう唱えています。失礼をしているのでしょうか」という方も、日常では魂が叫んでいませんから、唱えるたびに呼んでいることにはなりません。遠慮せずにお唱え下さい。

必ずお不動さんの前で一度唱える

真言が仏像の前に書かれていても覚えられないんです……という方もいらっしゃることと思います。真言は聞いたことがないカタカナの羅列ですから、長いものはその場で覚えるのが難しいと思います。これが他の仏様だったら、まぁ、いいか、必要な時がくれば覚えられるだろう、とのんきに構えていてもいいのですが、お不動さんの真言はいただける時にもらったほうがいいです。

何回かその場で暗記をしようと頑張ったけれど、どうも無理っぽい、となったら、手を合わせてお不動さんにお断りを入れます。「一生懸命覚えようとしたのですが、どうしても頭に入りません。本来ならここで覚えるべき真言ですが、どうかメモすることをお許し下さい。メモをしても効力のある真言としてお授け下さい」と、頭を下げます。そして、お不動さんの目の前でメモをさせてもらいます。その時に小声で構いませんから、一度だけ声に出して唱えておきます。こうすると、家に帰ってメモを見ながら覚えても、効力を発揮する真言として使えます。

もう一つの方法としては、先にネットで調べて暗記しておきます。もちろん、これでは力を持たない真言ですから、意味がありません。ただのカタカナの羅列、ただの文字の繋がったものを覚えているだけです。

この状態で、どこかのお寺で真言が書かれているのを目にした時に、そこのお不動さんにお願いをします。持っているカタカナの羅列を、本物の真言にしてもらうのです。その時に、事前に暗記をして準備したことをお話して、どうして事前に準備をしたのか、その理由も添えて説明をします。あとは心の底からお願いをすれば、かなりイレギュラーですが、本物の真言にして下さいます（この時も小声で構いませんので、1回お不動さんの前で唱えておきます）。

お寺によっては、真言を書いた紙、冊子、カードをくれるところがあって、「この場合、授かったと考えてよいのでしょうか？」という質問をもらったことがあります。

そのお寺でお坊さんと一緒に声に出して真言を唱えた、という場合は、覚えられないのでカードをもらって帰ります、とお不動さんにお断りすればいいです。

お寺で書いてある紙だけ、冊子だけをもらった場合は、〝お不動さんの前で〟その紙を見ながら、一度〝声に出して〟唱えます（小声で構いません）。そして、同じくお断りをすれば大丈夫です。

どちらも一度声に出して唱える、お断りをするのは、〝家で覚える真言〟に力を入れてもらうためです。本来は仏様の前で、その場で覚えることが必須だからです。

それともう一つ重要なポイントは、真言は祝詞や般若心経とは違いますから、暗記をしなければなりません。暗記して唱えなければ効果がないのです。書かれた紙を読みながら唱えても効果があるのは、真言以外のもの……祝詞やお経などです。真言を、身を守るツールにするためには暗記することが最低条件となります。

長短や細かな言葉の違いは効力に関係なし

お不動さんの真言は3種類あります。

とても短いもの（小呪《しょうしゅ》・一字呪《いちじしゅ》）、一般的な中くらいのもの（中呪《ちゅうしゅ》・慈救呪《じくじゅ》）、長〜いもの（大呪《たいしゅ》・火界呪《かかいじゅ》）です。どれがいいのかは、これは自分で選ぶのではなく仏様にいただいたものを使って下さい。短いと力が小さいように感じるかもしれませんが、そのようなことはありません。仏様に直接いただいたものであれば、どの長さの真言でも同じ効力がありますので、ありがたく使わせていただきます。

イレギュラー版で真言をいただこうとお考えの方は、一般的な中くらいのもの（中呪・慈救呪）を覚えるといいです。ちなみに私が吉野山のお不動さんにいただいたのも、慈救呪です。

じゃあ、慈救呪にしよう、先に覚えておいてどこかのお不動さんに本物にしていただこう！　とネットで調べ、あれ？　と、首をかしげる方がおられるかもしれません。同じ慈救呪でも、真言宗と天台宗では若干音が違うからです。

私は自分が持っている真言を、小さいところまでしっかりチェックしたことがなかったので、今回、文字でよーく見てみたら、真言宗とも天台宗とも違っていました。2つを足して2で割っている真言でした。ということは、真言宗からみても、天台宗からみても、私は間違った真言を唱えていることになります。

でも実際に、どんな場面でも私を守ってくれますし、そもそも、お不動さん本人がじかに教えてくれた真言がこれなのです。つまり、仏様は細かいところまでこだわっていないということです。似たような感じの音ならOK、ってところでしょうか。ですから、真言宗と天台宗の真言を両方授かった方は、どちらを唱えても変わりはなく、ご自分の唱えやすいほうでいいと思います。

お不動さんの真言は魔法の言葉です。幽霊や生霊を祓うだけでなく、身を守ってくれたり、他の場面でもいろいろなところで使えます。しかし、どうしても覚えられない、または真言が書かれたお寺に行ったことがないという方も、〝ご縁さえもらっていれば〟心配はいりません。お不動さんは助けに来てくれます。

これは読者の方からいただいたメッセージに書かれていたのですが、娘さんがレイプをされそうになったそうです。娘さんは、とっさに「お不動様！　助けて！」と心の中で叫びました。すると恐ろしいほどの力が出て、片手で相手を撃退できたということでした。娘さんは、このレイプ未遂事件でお不動さんの威力を知り、すぐに真言を覚えたそうです。

母親である読者さんは私に何回かメッセージを送って下さっていて、書かれている内容から、信仰心の厚い方なのだな、と思っていました。さりげなく娘さんにお不動さんの強さをお話されていたのかもしれませんし、娘さんをお不動さんのところに連れて行って、ご縁をもらっていたのかもしれません。いずれにしても、親御さんの信仰心が娘さんを救ったのです。

ご縁をいただいているけれど真言を覚えていない場合、粗塩をティッシュに包んでポケットに入れておくといいです。危険な時はお不動さんがその塩を使って守ってくれます。この方法でも幽霊は絶対についてきたりしません。霊がうようよいる場所だけれど、人と会話をしなければいけない、よって真言を唱え続けられない、という時もこの方法が効きます（粗塩はわざわざ神社まで買いに行かなくても、お店で購入したもので十分です）。

窓口となるお不動さんを変える方法

自分の中にある存在を入れ替える

引っ越しをして遠く離れたところに住むと、ご縁はどうなりますか？　と心配をされる方がおられますが、神仏にとって距離が近い遠いは関係ないです。ご縁を下さったお不動さんは、本人がどこにいても来てくれます。いただいたご縁は一生ものだからです。たとえその先、引っ越して遠くなったために1回も参拝ができなくなったとしても、ご縁が薄くなることはありません。

窓口となるお不動さんを変えてもいいのでしょうか？　というご質問もありましたが、こちらも全然問題ないです。その場合、来てくれるお不動さんも微妙に変わります（窓口の仏像の性質を帯びるからです）。

ご縁をもらっている仏様がいて、別のお寺の同じ仏様に参拝をしても、自動的に窓口が変わることはないです。たとえば、私は吉野山のお不動さんにご縁をもらっていますが、成田山新勝寺のお不動さんにお参りもしましたし、ご縁もいただきました。でも、私の窓口は変わらず吉野山の権現お不動さんです。

これは説明が難しいのですが、自分の中に吉野山のお不動さんがいるからです。引っ越しをしても、このままにしておけば窓口は変わりません。でも、自分の中にいる吉野山のお不動さんを成田山新勝寺のお不動さんに置き換えたら、窓口が変わります。

お不動さんに「変えます」と宣言する、お不動さんに「変えてください」と頼む、そういうことではなくて、自分の中にある像と言いますか、自分の中にある存在、イメージをどのお不動さんにするか……の問題です。

仏様に最初にご縁をいただく時、自分と合う仏像を探す、ということを書きました。あれと同じです。「この仏像だ」と思ったお不動さんを自分の中に置きます。それからご縁をいただけるように、丁寧に参拝したり、通ったりします。どの不動明王像を自分の中に置くかは、自分の意思です。その置いたお不動さんを変えるのも自分の意思です。感覚の話なので、非常に説明が難しいのですが、おわかりいただけましたでしょうか。

ですから、たとえば奈良に住んでいて、吉野山のお不動さんが大好き、ご縁もいただいている、でも千葉に引っ越しをすることになった、千葉では成田山新勝寺に通おうと思っている、だけど緊急時に来ていただくのは吉野山のお不動さんのままにしておきたい……。

この場合、自分の中のお不動さんの存在を変えなければいいわけです。窓口を変えないまま、成田山新勝寺に行き、新勝寺のお不動さんにもたくさんお話をして、願掛けを叶えてもらえばいいのです。

逆のパターンとして、緊急時に来ていただくお不動さんには、しょっちゅうお参りしたい、お礼も言いたい、千葉に引っ越したら吉野山へは行けなくなる、それは失礼な気がするから窓口を変えたい……。

そう思ったら、自分の中の不動明王という存在を、成田山新勝寺のお不動さんに入れ替えればいいのです。それは吉野山のお不動さんに対して失礼ではないのか？　と思われるかもしれませんが、まったく失礼ではありませんので、心配されなくても大丈夫です。

気をつけるべきことは、吉野山と成田山新勝寺の2体のお不動さんを心の中に置かないことです。緊急時に2体のお不動さんに救いを求める形になって、お不動さんが来にくくなるため、心の中の存在は1体にしておきます。

神様にお祓いのお願いをしてみる

お不動さんにも苦手分野はある

お不動さんにお願いをすれば、悪意を持ってついている霊はすべて消滅するのか？ というと、団体でついているもの、外国の強烈に強い悪霊などは祓えない可能性もあります。

もしも、家の中に悪霊の住処《すみか》と繋がっている場所があったら……難しいかもしれません。

介護施設勤務の時に、居室の壁に掛かっていた外国の絵が、暗黒の異次元世界と繋がっている利用者さんがいました。その絵からたくさんの悪霊たちが出たり入ったりしており、部屋はいつもそういう霊でひしめき合っていました。私がその部屋にいる時は、お不動さんは戦うよりも私を守ることで精一杯でした。このような場合、絵を処分すれば、スッキリ解放されるのですが、絵を飾り続けている限り霊障は消えません。

では、お不動さんでダメだったらどうすればいいのでしょうか……。

そうなったら、違う方法を試してみるしかありません。

仏様を変えてみるのも一つの手です。大阪にある「観心寺」の薬師如来様で幽霊が落ちました、というメッセージをいただいたことがあります。薬師如来様でもついている霊を落とすことができるのです。

比叡山延暦寺の釈迦堂では、最澄さんが私と一緒に、私のためにお釈迦様に頭を下げてくださいました。すでに仏様である最澄さんが頭を下げられた、ということは、延暦寺釈迦堂のお釈迦様はものすごーく強い力をお持ちの仏様、格がとても高い仏様だということです。このように特別に強い仏様におすがりするのも効果があります。

憑き物に強い神社や霊山がおすすめ

仏様ではなく、神様にお願いをするという方法もあります。神社で手っ取り早いのは、憑き物を落とす専門のところに行くことです。関東でいえば、三峯神社や武蔵御嶽《むさしみたけ》神社などです。この2社には、憑き物を祓う専門の眷属がいますから、祈禱をお願いして、祈禱の最中に自分でも心の中でお願いをするといいです。

関西だったら伏見稲荷大社に行けば、膨大な眷属の中に、憑き物を落とす専門がいると思われます。ただし、お稲荷さんの眷属……キツネは、霊を追いかけ回すオオカミと違って、霊と戦うらしいので、戦いに勝つまでは家の中で音がするとか、そういうことがあるかもしれません。伏見稲荷の眷属にお願いをする場合は、稲荷山に登って、自分で〝神様に〟お願いをします。神様がその願いに合った眷属をつけてくれます。

憑き物専門ではない神社の場合は、憑き物に対する体制が整っていませんから、神職さんに祈禱をお願いしても効果はないものと思ったほうがいいです。

というか、一般的な神社での祈禱は種類が違います。晴れ着を着たお宮参りや七五三、商売繁盛、安産祈願などの人と一緒に、浄霊・除霊をお願いするのは、ちょっと違う……ということは、感覚的におわかりになるのではないでしょうか。

では、普通の神社に行く場合、何をどうすればいいのか……と言うと、直接、自分で神様にお願いをします。見分けが難しいかもしれませんが、強い神様だったら霊を簡単にはがしてくれます（小さい神様でも、はがせるとは思いますが、力が足りない神様がいるのも事実ですから、強い神様がいる神社にしたほうが確実です）。

私の祖父母は、霊に取りつかれて困っている人々を無償で助けていました。つかれている人から、祖母の体に霊を移し、それを祖父が成仏させたり、退治したりしていました。

除霊の依頼があって、住んでいた広島から福岡に行った時のことです。強烈に強い悪霊だったため、霊が祖母の体から離れなくなりました。

困った祖父は近くにあった「宇美《うみ》八幡宮」の神様に助けを求めたそうです。宇美八幡の神様は快く救って下さり、おかげで祖母は命が助かって、無事に広島まで帰ることができました。祖父はそれから数年間、毎年、お礼参りに行っていました（新幹線が開通していない時代です）。まだ小さかった私もついて行ったことが何回かあります。

神様は死後の世界とは専門が違うと言いますか、霊関係とは種類が違うのですが、強い悪霊を祓うこともできるのです。

私にも経験があって、自分ではまったく気づいていなかった、私に乗っかっているものを、奈良の大神《おおみわ》神社の神様に落としてもらったことがあります。境内で猛烈な眠気に襲われて、ベンチでうとうとしている間に祓ってもらいました。

神様にお願いをする時は、いつも書いておりますように、細かくたくさんお話をして境内になるべく長くいるようにします。私の時のように眠くなったら、境内のベンチに座って、3分でも5分でもいいので、眠ります。目をつぶっていれば、一瞬、ふっと眠りに落ちることがありますから、そのわずかな時間だけで十分です。その時に神様が祓って下さいます。

霊山（山岳系神様がいる山のことです）に登るのも効果があります。霊は波動の高い山に、一緒について登ることができませんから、ふもとで離れます。霊山に登れば、自分の波動もしばらく上がっていますので、山を下りた時に再度つかれる心配はありません。

お経を蓄えた数珠のパワー

軽く叩くだけで悪霊が退散

ここで仏教の法具である数珠のことについて書きますが、僧侶の方や仏教関係者の方とは意見が異なっていると思います。はいはい、わかってますよ、識子さんの個人的見解なのね、と思われた方、ありがとうございます、そのような感じでお読み下さい。

数珠とは何か……ということから書きますと、

【数多くの玉を糸で貫いて輪形にした仏具。仏事・法要の際、手や首にかけて、あるいは、もみ、また念仏の回数を数えるのに玉をつまぐって用いる】

と、辞書に書かれています。

数珠と言われて私たちが思い浮かべるのは、お葬式などに持参する、ブレスレットよりも少し大きめのものではないでしょうか。今からお話するのは、そちらの略式タイプではなく、正式な数珠のほうです。

正式な「本式数珠」は、主珠《おもだま》が108個の大きな輪っか状のもの（各宗派で決まった形があります。大きな輪っかではない宗派もあります）になっています。使い方も宗派で違うようですし、効果や意味などもさまざまなことがあちこちで語られています。

私は仏教に詳しくありませんので、どれが正しくてどれが間違っているのかはわかりません。ただ、やり方が違うから仏様が怒る、使い方が違うから仏様に叱られる、ということはないです。数珠をどう使うかは個人の自由だからです。

しかし、うまく使うことができれば、力を持った道具として非常に重宝します。数珠は願いを叶えやすくするとか、幸運を呼ぶとか、そのような縁起物の類《たぐい》ではなく、のちほどご紹介する金剛鈴《こんごうれい》と同じで、法具です。仏様のツールなのです。

金剛鈴はその音が悪いものを落とす、祓うというものです。数珠も似たような効果を発揮できますが、こちらは購入してすぐに使えるというものではありません。

実は、数珠はお経を蓄える性質を持っています（材質に関係なく、本式数珠ならどれでもそうです）。つまり、お経をギュッと濃縮して持てるということです。

そのやり方ですが、お経を唱える時に必ず数珠を手にしてから唱える……これだけです。すると、唱えたお経が数珠の中に、少しずつ少しずつ蓄積されていきます。3年、5年と唱え続けると（1～2年で溜まるほど安易なものではありません）、お経がいっぱいに詰まったパワーのある数珠となって、悪霊を祓ったり退治ができる道具となるのです。

仏壇に向かって毎日般若心経を唱えているという人は、数珠を手にして唱えると、毎日少しずつ力を溜めていくことになります。時間はかかりますが、自分の身を守ったり身近な人を守れる立派な法具になるのです。

私の祖父も毎日読経をしていました。お経を唱える前に数珠を左右の指にかけ、合掌をした時に数珠を3回すり合わせて音を出し、それから唱えていました。祖父の数珠にはお経がいっぱいに詰まっていて、数珠自体が力を持っていました。

良くない霊が体についている場合、数珠を当てると霊が猛烈に苦しみます。濃縮されたお経のパワーは仏様の波動を持っているからです。数珠で数回、軽くポンポンと背中を叩くだけで退散する霊もいました。それくらい力を持った法具になるのです。何年かかけて仏様の波動を持つ数珠を作れば、身近な人に霊がついた場合、自分で助けることができます。お経を唱えながら数珠で背中を撫でれば霊は逃げていきます。

私は毎日お経を唱えるという環境にいませんし、お寺でも般若心経を唱えておりませんので、残念ながら数珠は持っていません。一つあれば便利だろうな、と思うものの、般若心経をいまだに覚えられないので、数珠は生涯持てないかもしれないと思っています。

般若心経をよく唱えるという方は、お経を蓄えた強力な法具にするために、本式数珠を持たれるとよろしいかと思います。

悪霊を家から追い出す

清め塩が効かないタチの悪い霊をどうするか

さてここで、違うパターンとして、悪霊が直接人に乗っかっているのではなく、家の中に住みついている場合について書きます。家族の誰かがどこかで拾ってきた、その家を訪ねてきた誰かが背中に乗っけていた霊をその家で落としていった、もともと、その家に住みついていた、土地にいる、などが主な理由です。

これも、成仏させてほしい、という軽い霊だったら、清め塩などが使えます。清め塩を撒《ま》けば、あっさりと出て行きます。しかし、タチの悪い霊は目的が成仏ではないので除霊が難しいです。なかなか出て行きません。放っておけば体や精神、運などに悪影響が出てきます。

力が本物かどうかわからない霊能者に、見えない世界の術を自分の体にかけさせるのは怖い、というお話は先ほど書きました。家も同じです。

家に結界を張るとか、悪霊をどうこうするとか、もしも能力の低い人がやってしまったら家の空間が歪んでしまいます。正しい結界は誰にでも張れるものではありません。ちゃんとした能力がある人でなければ、見えない世界での空間がぐちゃぐちゃにされてしまうのです。そうなると、逆に悪霊を呼び込んだりもするので、あちらの世界に作用する何かをさせる、というのは本当に怖いことだと知っておいたほうがいいです。

もしも、もっと悪い状態になって、「元に戻して」と言っても、その程度の能力の人は、ぐちゃぐちゃになった空間を元に戻すことはできないと思われます。そうなったら、新たに人を探さなければなりません。他人が張った結界を壊せる、さらに修復できる、そのような高い能力を持った誰かを探すのは至難のワザだと思います。

高い能力を持った霊能者の知り合いがいない場合、家の除霊を誰かに頼むとしたら……私だったら、やっぱりお坊さんにお願いします。お坊さんを通して、そのお寺のご本尊にお願いをすれば、失敗する率は低いと思うからです。除霊を人に頼む時は、くれぐれも慎重にされることをおすすめ致します。

98ページに書きましたように、三峯神社には眷属の出張制度（御眷属拝借）があります。この神社の眷属はオオカミですから、家に来てくれれば霊を追い出してくれます。ただし、眷属の強さによって差があるので、100％ではないことをつけ加えておきます。

このように、強制的に家から除霊……無理やり家から悪霊を離そうと思ったら、信頼のおける確実に能力の高い誰かに頼むか、神仏に来てもらって追い出していただく、という方法になります。

しかし、霊能者や神仏になんとかしてもらおうにも、知り合いがいない、ツテがない、関東から遠い地域に住んでいる、となれば、どうすればいいのか……。

そうなったら逆の発想をします。無理やり家から追い出す方法ではなく、悪霊が〝自分から出て行く〟ように仕向ければいいのです。

木に咲く花の芳香が嫌い

お不動さんが私を守るだけで精一杯だと言った、あの強烈に強い悪霊軍団は、キンモクセイの香りで〝自分たちのほうから〟去っていました。霊がひしめき合っているほど、うじゃうじゃといた部屋なのに、見事に1体残らずいなくなったのです。その理由は〝生きた〟爽やかなキンモクセイの香りです。これは香りが「追い出した」のではなく、その香りが嫌なので、「悪霊のほうが逃げた」のです。

悪霊は〝木に咲く花〟の芳香が嫌いなようです。ですから、同じように芳香がする〝木に咲く花〟だったら効果があります。木ではない普通の花は、効果が弱いと思いますが、それでも強い香りの花なら効くかもしれません。アロマオイルは〝生きていない〟ので、嫌がって逃げたりしないです。こちらは効果がありません。

しかし、花は、ずっと香りを放ち続けるものではないというのが難しいところで……。キンモクセイの季節の、花が咲いている期間、集中的に芳香を家の中に置いて（鉢植えを置くとか）、短期決戦で去らせる方法もいいかもしれません。

窓を開けて外の香りを取り込むだけで逃げていましたから、家の中に香り本体を置くと

さらに悪霊は嫌がると思います。それを24時間、花が落ちてしまうまでの期間ずっと続けると効果が大きいように思います。悪霊が一旦逃げて戻って来たとしても、まだ香りがあるわけです。また逃げて……もう1回戻って来ても、まだまだ芳香プンプンだったら……もう戻らずに違う場所に行くかもしれません。ただ……家の中にキンモクセイの鉢植えを置くのは、香りが強いので、人間のほうもちょっときついかも？　と思います。

〝振動をともなう音〟も嫌がる

同じく悪霊は、〝振動をともなう音〟が嫌いです。余韻が空気をビンビン振動させる、その場の空気を小刻みに動かすような、そんな音です。お寺でゴォ〜ンとつく鐘の音が代表的なものになります。

神戸の須磨寺《すまでら》では、祈禱の最中にシンバルのようなものを叩いていたのですが、観音様が、この音で悪いものが落ちる、と言っていました。シンバルも余韻が、うわんうわん、とすごかったです。これらの音は、最初の一発の大きな音が良いのではなく（神社仏閣にある和太鼓は別です）、〝余韻〟が効くのです。

そのような音を家で鳴らすとしたら、おすすめは金剛鈴です。金剛鈴とは、手に持つ部分が金剛杵《こんごうしょ》の形になっている密教法具の鈴です。空気を震わせる力が半端なく強く、悪霊が一目散に逃げる響きです。

ただ、金剛鈴は本格的な仏具なのでお値段が高いため、私は簡易バージョンの持鈴《じれい》を高野山の仏具店で購入しました。持鈴でも同じように響きますから、家庭で使用するのならこちらでも十分です。

高野山は「一山《いっさん》境内地」といって、高野山の町のいたるところがお寺の境内となっています。ですから、高野山全体がお寺と言ってもいいわけです。町はすべて空海さんのテリトリーとなっており、高野山で買えば、空海さんの波動を帯びた持鈴が手に入ります。私はしっかりとした重たいものを買いました。鳴らすと、キィィィィーン！　という感じで、ものすごーーーく響きます。余韻がすごくて、しばらく止まりません。この余韻がしつこく空気を振動させる力は、普通の鈴にはないものです。

正直に言うと……自分で鳴らしておきながら、うるさくてちょっとムッとする、というくらい耳が痛い……そんな音です。1回鳴らしたくらいでは軽い霊を祓う程度ですが、これを毎日毎日、何回か鳴らしていたら、悪霊は嫌がって逃げていくと思います。

ここで一つ、注意点です。持鈴は空気を振動させる力が強いため、鼓膜にものすごーく響きます、耳に負担がかかります。しかも〝見えない力〟が強力に加わっていますから、鳴らしまくると慣れない間は、そのパワーを感じてしんどくなる方がいらっしゃるかもしれません。

マンションなどのワンフロアのおうちなら、お部屋のドアをすべて開放して2〜3回鳴らせば各部屋に届きます。2階建て、3階建てのお宅は、各階で同じように鳴らせばいいです。家の中に霊がいる状態なら、これを1日に何回かやります。3回鳴らすことを、間隔をおいて1日に4〜5回繰り返すと十分です（鳴らす前に必ずどこかの窓を少し開けておきます）。

霊がいないお宅は思い出した時に鳴らせばいいです。たくさん鳴らすのは、それはそれで悪くはないのですが、慣れないうちはやめておいたほうが無難です。耳が弱い方も、気分が悪くなるかもしれませんので、お気をつけ下さい。

私が購入した持鈴は仏様（空海さん）の波動入りです。近所の仏具店で買った、もしくは通販などで買った仏様の波動が入っていない持鈴でも祓う力があるのかどうか……そこは検証していないので断言はできませんが、その〝音〟が嫌いなので、大丈夫ではないかと思います。

風通しの悪い汚れた部屋は大好き

悪霊が好きな部屋というものもあります。風通しの悪い部屋(年中、窓を閉め切っているような、空気がどんよりと重く濁った、風を通さない部屋です)、日中でも薄暗い部屋(こちらも1年中カーテンを閉めていて、日光を入れない、そんなお部屋です)、散らかって汚れたものがたくさんある部屋、物の上にホコリが真っ白に積もっているような部屋、などが悪霊は大好きです。

いま言ったような部屋と反対の部屋にすれば、悪霊は居心地が悪く、長居をしたがりません。そのような部屋を保てば、悪霊は結果的に出て行く、というわけです。

カーテンを開けると外から丸見えなんですけど〜、というお部屋もあるかと思いますが、早朝に10分だけ開けるとか、少しだけでもいいので風や日光を入れます。

風で大切なことは、〝太陽の光を浴びている風〟もしくは〝清浄な早朝の風〟です。夜に窓を開けて風を通すのは、効果がありません。

護符を貼るのはどうかと言いますと、効果は護符によって違います（護符とは、ペラペラの1枚ものの和紙に、絵や文字が描かれたものです）。どこのお寺のものか、何の用途の護符なのか、パワーが入れられている護符なのか、などで効果はまちまちです。

力があったらあったで、何枚も貼っていいものかどうか、何枚か貼るとしても位置はどこでもいいのか、などいろいろと考えなければいけないことがあったりもします。

買ってきた護符1枚のみで強い悪霊を全部祓える、水戸黄門さんの印籠《いんろう》のように1枚きりでスカーッと悪霊が全員ひれ伏す、ということはありません（本物の強い力を持った霊能者、もしくはお坊さんが処理をした場合を除きます）。私たち一般人にできることは、悪霊の居心地を悪くさせることです。

効果がある護符を何枚か家のあちこちに貼ると、悪霊は、「なんだかこの家、おりづらいわー、おったらイライラするわー、ンモー」とくつろげないので、自分から出て行きます。

熊野本宮大社は神社ですが、護符（神符）を売っています。この護符を以前から何回か買って、いろいろと試してみました。良いものなので、親戚にも配っています。

この護符だったら、家の中に何枚貼っても問題ないです。位置にこだわる必要もありませんが、向かい合わせに貼ると狛犬効果があるので、どこか1ヶ所は向かい合わせに貼るといいです。熊野本宮大社で買ったものには、本宮の神様の波動が入っていて、那智《なち》大社で買うものには滝の神様の波動が入っています。

どちらも神社の護符ですから、効力は1年です。でも、あくまでも護符なので、〝祓う〟というパワーがあるのではなく、「あー、なんかイライラするわー」と悪霊をイラつかせる、不愉快にさせる程度だと思って下さい。それが嫌で逃げて行く、ということが狙いですので、「そんなん屁でもないわ、ちょーイラつくけど我慢できるわ」と居座る気マンマンの悪霊には、もしかしたら効かないかもしれません。

悪霊が嫌いなポイントを重ねる

ここまで述べた方法一つでは効かない場合、護符で1ポイント不快にさせて、持鈴を鳴らして1ポイント不快にさせ、芳香を放つ花で1ポイント不快にさせる……というふうに、嫌がるものを重ねていけばいいです。

1ポイントだけなら、「屁でもないわ、ウケケケ」と笑っていても、5ポイント攻撃をしたら、「あー、不愉快でテンション下がるわー」となり、7ポイント攻撃をしたら、「もう違うとこ行こ……ここ、嫌や」と去ったりします。要は、いかに居心地悪くさせるか、ということです。

護符に話を戻しまして……他の神社のもの、他のお寺のものは、私が自分で検証していないので、どう扱えばいいのか、効果があるのかどうかはわかりません。

比叡山延暦寺の元三大師堂《がんざんだいしどう》で買う、角《つの》大師と降魔《ごうま》大師の護符は、家の中に2枚貼っても大丈夫ですが、悪霊が出て行くタイプの護符ではないです。この護符は、入ろうとするものを入れません！　という外に働く力を持った護符です。悪いものを入れないために、予防策として貼るタイプの護符なのです。このように用途別になっているものがあります。

護符で気をつけたいのは、神社系とお寺系をごっちゃにして貼らない、ということです。効果が半減どころか10％くらいまで薄れるからです。しかし、絶対いけない！　というわけではないので、どうしても一緒に貼りたい、という人はそれでもいいと思います。

お寺系の護符を複数貼るのはどうかというと、こちらは波動的には大丈夫です。たとえば、空海さん系のお寺の護符と、最澄さん系のお寺の護符を混ぜて貼っても、問題ありません。特別にお寺のほうから、「この護符は他と一緒にしないで下さい」などの注意や、このように貼って下さい、という指示があれば、従うことをおすすめします。

護符は一回きりしか使えない、ということも知っておくべきポイントです。一度貼った護符ははがしてしまうと、ただの紙きれになります。引っ越しをする際に、護符をはがして転居先に持って行っても効果はありません。転居先には未使用の護符を新しく貼ります。

ちなみに護符は海外に持って行っても効果を発揮します。紙自体に術がかけられているようなものですから、紙が勝手にその効力を発揮して効く、というシステムなのです。外国の悪霊が字を読めないから効かないとか、絵柄の意味がわからないから効かない、と、そういうものではありません。

最後の手段は自分の波動を高めること

一つだけでは劇的な効果はないものの、重ねていくと悪霊を嫌～な気持ちにさせるのは以下のものです。

・清め塩を部屋に撒く（清め砂を部屋の四隅に置く）
・風がサラサラと通る家にする

・時々、日光を部屋に取り入れる
・汚部屋にしない
・金剛鈴・持鈴を時々鳴らす
・キンモクセイやクチナシ、沈丁花などの香りのする木の花を置く
・護符を貼る
・まれに、ペットを嫌がる霊もいるので、ペットを飼う
・お守りの強力バージョンであるおふだを置く

ここまで、すべてやっても9ポイントしかありません。全部やれば出て行くのではないかと思うのですが、ペット飼育不可のマンションもあるでしょうし、花の季節ではない、持鈴持ってません、護符も持ってませんとなると、4～5ポイント攻撃しかできません。しかも、持鈴や芳香、護符に比べて、かなり弱めの4～5つですから、これだけでは出て行ってくれません。

そこで、さらにポイントをプラスするには〝自分の波動〟を高めます。悪霊に、自分のことを嫌いになってもらうわけです。

家の中を居心地悪くして、「ンモー、おりづらくなったわー、この家」と、悪霊がブツブツ文句を言う状態にしておき、さらに「あー、もー、こいつもキライやわぁ！　なんやねん、その気持ち悪い波動。あっち行けや！」と嫌悪感を持ってもらいます。

「そばに来んなや！　あ、そうか、ここ、こいつの家か。じゃあ、もう、ええわー。出て行くわ」と、除霊をしなくてもみずから出て行ってくれるようにするのです。

波動を高めることは、悪霊を寄せ付けない、はね返す、という予防にも繋がりますから、これはおすすめです。

波動を上げて悪霊予防

波動を上げる３つの方法

悪霊がなぜつくのか、と言いますと……まず、「エネルギーがほしい」というパターンがあります。妬むとか憎むなどの感情や、良くない行為をすることは、波動が低いです。波動が低いものは悪霊のエネルギーになるので、それを求めてつくことがあります。

もう一つは愉快犯と言いますか、人を不幸にする、それで人間が苦しむ姿を見ることが楽しくて仕方ない、と人の不幸を面白がるパターンです。不幸になった人が波動が低い感情を持つ場合もありますから、そうなるとエネルギーももらえるため、さらに喜びます。

こんな悪霊は、絶対にいりません。

悪霊がつきたくてもつけない人になる、悪霊がそばに寄りたくない人になる、これらのことが大事なわけです。波動が高い人になれば、悪霊は寄ってきません。波動が高い人には、波動の低い悪霊はつくことができないのです。まったくつかれない、というゼロにはなりませんが、たとえつかれても、神仏が助けに来てくれます。というのは、波動が高い人は、悪霊とは逆に神仏に好かれますから、お不動さんや他の仏様、神様にご縁をもらいやすいのです。

波動を上げる方法を大きく3つに分けてみました。

①神社仏閣に行って高波動を浴びる方法です。

高波動を一番多くもらえるのは霊山です。霊山は、登山をすれば山肌にふれながら長い時間、高波動を浴び続けることになります。霊山を歩いて登ることは、空海さんや役行者、昔から修験者や僧侶の方がしてきたように、大きな修行になるのです。

霊山登山は神様の高波動をもらう、修行で高波動にする、という二重の意味で波動を上げます（登山をされようと思われた方は十分な下調べをなさって、熊対策、遭難対策など準備万端にしてお出かけ下さいますようお願い申し上げます）。

「登山は体力的に無理です」という方も大丈夫です。霊山には、車で山頂まで行けるところが結構ありますし、ケーブルカーやロープウェイ、リフトで登れるところもあります。

歩いて登らない場合、「修行」の部分はありませんが、山岳系神様の高波動はふんだんにいただけますので、年に1回でも行かれることをおすすめします。行くのと行かないのとでは、まったく違いますので、ドライブがてらでも観光でも、行けば効果があります。

山岳系の神社に行かなくても、平地にある神社仏閣のあちこちに行って、神様仏様の波動を〝たくさん〟いただく、という方法もあります。同じ神社・お寺に何回も行くのもいいですし、多くの神社仏閣をまわってもいいです。

神社仏閣めぐりはドーンと大きく1回高波動をもらうのではなく、ちょこちょこと回数を重ねて高波動状態を持続させる方法です。

神仏の高波動に慣れていけば、そのうち自分の波動も徐々に上がっていきます。たくさん行けば行くほど、ご縁を下さる神様仏様も増えるでしょうから、何かあった時にどなたかが助けに来てくれます。波動が上がるだけでなく、守って下さる神仏が多くなるので、安心です。「修行」も、もちろん波動を上げますので、滝行や座禅などの体験修行などに参加してみるのも良いかと思います。

②心の修行をする方法です。

これは善い人になりましょう、ということです。人にはできるだけ優しくする、などの小さなところから始めるといいです。コンビニのレジに並ぼうとしたら横から人が来た、私のほうがちょっと早かったから私が先よ！　とサッと並ぶのではなく、「どうぞ」と譲ってみる。急いでいる時に道を聞かれても、なるべく丁寧に優しく教える。お店の人が何かミスをしてぺこぺこ謝っているような時も、気にしなくても大丈夫ですよ、と相手の心が軽くなるような言葉をかけてあげる……そういうことを繰り返していると、霊格が上がっていき、それにつれて波動も上がります。

怒らない、というのは非常に難しいことですが、これも頑張ると霊格が上がります。もともとの自分よりも、もっと寛容な自分になったと感じられたら、霊格は上がっている、と考えていいです。

小さなことにも感謝する、のも意外と難しいです。普通に当たり前だと思っていることも、よーーーく考えるとそうではなかったりするので、感謝をすることは意識をしていないとできないように思います。

小さなことでも口に出して「ありがとう」と言っていると、言葉に引っ張られて感情があとからついてきたりもするので、最初は言葉だけでもいいと思います（ありがとうという言葉が波動の高い言葉なので、惜しまずに人にあげると人の波動も上げることができます）。

感動して涙を流すことも波動を上げます。努力が実ったとか、願いが叶ったとか、美しい景色に感動したとか、励まされて嬉しかったとか、そのような自分がする感動体験はもちろんのこと、感動する映画を見て泣く、本を読んで泣く、音楽を聞いて涙を流す、など、他からもらう感動でも波動が上がります。

ちなみに神社仏閣でわけもなく涙が流れた、というのは、そこの神仏に会って、魂が大感激している証拠です。神仏に何か優しい言葉をかけられて魂が喜んでいる場合もあります。脳では感知できませんが、魂は神仏とコミュニケーションを取っているのです。これは神仏に高波動をもらう、プラス、感動で自分の波動を上げるという、二重に波動を上げていることになります。

③善行を積む方法です。

人に見てもらいたいとアピールをしても、善行は善行なので変わりはありませんが、ひっそりとすれば、より尊いです。トイレのお掃除に関することを本に書いたあとで、「外でおトイレに入った時も、簡単にですがキレイにしています」というメッセージをもらったことがあります。「それは、トイレの神様に好かれるだけでなく、霊格も波動も上がるなぁ」と思って読みました。

社務所がないような小さな神社で、境内が汚れているな、神様がお気の毒だな、とお掃除をすることも、道に落ちている空き缶を拾うことも、電車で席を譲ることも、霊格と波動の両方を上げます。コンビニでお釣りの小銭を寄付することも立派な善行です。たとえ1円でも誰かのために使われるお金ですから、小さく続ければ善行をコツコツと貯めることになります。ボランティア活動をするのも素晴らしいことですし、そのような何か人の役に立つことを見つけてされるといいです。

波動が上がってくると、心の持ち方が自然と変わってきます。以前だったら、「んまー！あの人ったら、ムカつくわー」と他人の行動に対していちいち怒り狂っていたところを、「まぁ、いいか」と許せるようになります。「人のことをギャーギャー言えるほど、私は偉くないわ」と謙虚にものを考えたりもできるようになります。

そうなると、神仏への気持ちも、ますます透明でピュアになっていきます。神仏に、もっと可愛がってもらえるようになって、良い方向にどんどん道が開けていきます。

すると、もう、悪霊がつこうとしてもつくことができない人間になっているのです。どの神仏にも好かれるというレベルになっていますから、もしも、つくことがあったとしても、すぐに助けてもらえます。

「そうか、では頑張って波動・霊格を上げよう！」と思った方がいらっしゃいましたら、その心がけがすでにキレイな心となっています。波動・霊格を上げようと思うことは、善人になろう、善行をしよう、という高尚な決意です。同じものを読んでも、「ふ〜ん」で終わる人もいれば、「波動とかあるわけないじゃん」と思う人もいます。

良いほうに心が動くことは、ご縁を下さっている神仏にとても喜ばれます。神仏は心根の美しい人が大好きだからです。物事をどう考えるか、どう生きていくかで、人生は全然違ってきます。

神仏のご加護がある人生は安心して生きていくことができます。そのご加護をたくさん、そしてできれば一つ一つを大きくいただくために、波動・霊格を上げることをおすすめします。

お不動さんのご加護をいただいて開運を邪魔する悪霊を祓ってもらい、「魔」に乗っかられたりしないよう守っていただいて、悪霊が住みつかない家をキープ、さらに自分自身も悪いものをはじき返すような高波動を持てば、開運を妨げられることはありません。

不幸が立て続けに起こる、運勢がどんどん悪くなる、低迷した運勢が上昇しない、事故や病気が次々と襲ってくる、などの悪霊の仕業ともさよならできます。

決して脅すわけではありませんが、悪霊の話を今は他人事《ひとごと》で聞いていても、いつ自分の身に降りかかってくるかわかりません。その時になって慌てないために、見えない世界の悪のほうもしっかりと理解をしておくことが肝要かと思います。できれば、予防対策をしておかれると安心して暮らせるのではないでしょうか。

第4章

神仏とのコミュニケーション

おみくじの読み解き方

「大吉」は歓迎や応援のしるし

おみくじは神仏からのアドバイスだったり、その時の自分の状態を知る手がかりになったりします。書いてある内容の受け取り方、考え方は、人それぞれですし、そこは自由なので、私がどうこう解説するものではないのですが……何かの参考になるかも？　と思って、ちょっと突っ込んで書いてみることにしました。

まず、吉凶（大吉・吉・中吉・小吉・末吉・凶）に関してですが、これは単純に〝引いた時の〟運気を表している場合があります。神様のアドバイスは入っていなくて、ただ単に、運の位置を示すというそれだけです。いま、あなたの体重は50kgですよ、と表示される体重計、あなたの血圧は上が110で下が70ですよ、と教えてくれる血圧計みたいなものです。

おみくじには文字がたくさん書かれていますが、そこに意味はなく、いま、自分の運気がどういう状態なのか、それを知る手がかりとなるものです。

運は一定ではありません。波があることはどなたも知っておられると思います。この波は、たまにどうしようもなく低迷している時期があります。何をやってもツイてないわぁ、という期間の真っ最中にいる時は、「凶」を引きます（本人には、低迷している自覚がない場合があります）。

「末吉」「小吉」などの凶よりは良いけれど、でもそこまで良いわけではない、というおみくじは、「低迷期から脱出し始めている」というサインです。「いまから低迷期に入る」という時は「凶」を引きます。逆に「大吉」は、〝現在〟の運が絶好調である、という意味です。神様からのアドバイスではなく、このように〝運気〟を知らせてくれるおみくじもあります。

そこに神様からのアドバイスやメッセージが入ってくると、吉凶はどうなるかと言いますと……。

まずは良いほう、「大吉」です。大吉を引かせることで神様が一番伝えたいのは、〝歓迎〟だそうです。これは私も最近知った事実で驚きました。大吉を引いたら本人が喜ぶことを神様は知っています。

「わーい、大吉だ〜、ひゃっほー」と、無邪気に大喜びしている姿は、見ている神様からすると、とても愛おしいものらしいです。そのような人だからこそ、歓迎の印として大吉をプレゼントしたいそうです。その人が来たことを喜んでいる神様が、ニコニコと優しく目を細めて見守っている、そんな感じです。

応援している、という神様の意思表示の時もあります。「神様、つらいんです」というお話や相談、願掛けをしても、神様が手出しをしてはいけない、というパターンがあります。そのような時に、「頑張れよ」「負けるなよ」という応援、励ましの意味で「大吉」を引かせます。「神はお前を応援しているぞ」と、わかってもらうためです。

おみくじは〝現在の〟運気を示すものなのですが、まれ〜〜〜〜〜〜〜〜〜〜〜に(どんだけまれにやねん、と思われるでしょうが、それほど少ないです)、お前は〝将来、大成功する〟〝数年後に夢を叶える〟という予言的なものもあります。

「凶」は「気をつけなさい」という神様の愛情

「凶」などの良くないものを引いた場合は、「気をつけなさい」と、注意をうながしています。運が低迷していると、ちょっとした失敗をしたり、予期しないアクシデントが起こったりします。仕事だったら、いつも以上に書類をチェックしなさい、とか、人づきあいであれば、いつも以上に言葉に気をつけなさい、とか、そういうことです。

生理中、または喪中に堂々と神社に行っておみくじを引く人は多くないと思いますが、そこで「凶」を引いた場合は、「あかんで〜、自分、それルール違反やからな〜。もうせんといてな〜」と、眷属に言われています。いずれにしても「凶」だから、嫌われたのね、と思うのは早計です。

「ありゃ？　運が低迷して危ないのに、当の本人、全然気づいてないな？　こりゃいかん、気をつけなさいと教えてやらねば」という神様の親切、愛情で「凶」を引かせてもらったのに、「あ〜あ、嫌われているのね」「いいわ、もうこの神社には来ないから」と勘違いをするのはもったいないです。

福岡の太宰府天満宮では、私は菅原道真公神様、ご本人からお話を伺いました。ですから、アドバイスをもらうためにおみくじを引いたのではなく、ここでは記念品として引きました。20年ぶりの参拝でしたし、次は何年後に参拝できるのか、わからなかったからです。

すると、道真公神様は一番良い内容ではないかと思える大吉を下さいました。何年も持つことになる記念品ですから、この先いつ読み返してもウキウキする内容のものを……と、プレゼントしてくれたのです。このようなプレゼント的なパターンもあります。

和歌と解釈文はわかりやすいメッセージ

半数以上のおみくじは、神様の言葉として和歌とその解釈が書かれています。このおみくじだったら、非常にわかりやすいかと思います。書かれている大意がアドバイス、という場合が多いからです。さらっと読んだ雰囲気がそのままアドバイスということです。

そうではなく和歌の解釈の〝ワンフレーズ〟がアドバイスということもあります。

私が東京にある深大寺《じんだいじ》元三大師堂に行った時のお話です。この時は元夫と一緒に参拝をしたので、元三大師とお話ができませんでした。そこで、おみくじを引きました。参拝の1ヶ月くらい前から、なんだかツイていない、という状態が続いていたからです。やることなすこと裏目に出る、という運の低迷期に入っていました。大きな不幸があるわけではないのですが、小さなところで失敗をしたり、やたらハズレを引いたりしていました。

たとえば、スーパーで果物を買って帰って、よく見たら腐っていたとか、チャージしたばかりのプリペイドカードを落とすとか、どよよ～んと落ち込むようなツキのなさ、だったのです。この低迷期がいつまで続くのか、そこを知りたくて元三大師堂でおみくじを引いたのでした。

引いたおみくじは「大吉」でした。やったぁ！　大吉ィー！　とバンザイして叫びたいところですが、ちょっと違うのです。

私は「低迷期がいつまで続くのでしょうか」と、手を合わせた時に元三大師にハッキリと質問をしました。その答えをくれているわけで……良い運だの、天に昇るように出世するだのと書かれていましたが、アドバイスはそこではなく、「辛抱が第一です」ということの一文でした。

見た時に「ああ、もうちょっとツキのなさは続くのね」と覚悟しました。さらに、「驕《おご》り高ぶることなく信心すれば……」という言葉もあったりして、「驕り高ぶるなよ」という戒めも授けてくれています。

この2つの言葉を同時に私に与えられるのは、私が引いた大吉しかなかったのだと思います。それで大吉を引いています。逆の「凶」でも、言葉を読ませるための手段として引くことがある、というのも、これでおわかりいただけるかと思います。

項目にとらわれず、言葉に注目してみる

おみくじの内容がほぼすべてアドバイスという場合もありますが、「縁談」とか「病気(やまい)」などの、項目のどれか一つが濃いアドバイス、ということもあります。たとえば「病気　時間がかかるが平癒する」という、この「病気」に関して……病気という項目が、まるまるアドバイスです。

そうではなく、項目のタイトル(病気とか、縁談とか、相場などです)には関係ない、書かれている文字、言葉、そのうちのどれか一つがアドバイスという場合もあります。

富士山の5合目にある「小御嶽神社」で引いたおみくじは、健康、恋愛、勉学、仕事、

旅行、商売の6項目のみでした。それも各項目短い言葉です。神様の教えや和歌はありません。

このおみくじを引いた時、私はフィクションのお話を書くかどうか迷っていました。いろいろと難しい問題があって、やっぱりやめておこうかな、と思っていたところでした。本に書く内容に関しては、私は神様に相談をしたりしませんし、意見を聞くこともありません。本は、私の意思で書くものだと思っているからです。悩んではいましたが、このおみくじも記念品として持っておこうかな程度の軽～い気持ちで引きました。

神様に何も質問をしていませんが、私が悩んでいることを見抜いて、アドバイスをくれたのです。「新しいことに取り組みましょう」と、商売のところに書かれていました。フィクションも書いたら書けるから、やってみなさい、というアドバイスだと、すぐにわかりました（そのアドバイスに背中を押されて頑張りました）。項目のタイトルは「商売」となっていましたが、神様は（小御嶽神社は富士山の神様の眷属が守っている神社です）このワンフレーズを私に与えたかったわけですから、この場合タイトルは関係ありません。

たとえば、お見合いをしてみようかな、どうしようかな、やめとこかな、と悩んでいる人が同じおみくじを引いた場合、「商売」という項目に書かれていますが、「新しいことをしてみると流れが変わるぞ」というアドバイスになります。

大吉を貯めて良い運を貯金する

このように、おみくじはその中に書かれている言葉をよーく見ることが大切です。書かれている大まかな意味がアドバイスなのか、その中のワンフレーズだけがアドバイスなのか、ただ、その時の運の位置を教えてくれているのか……はたまた歓迎の印、もしくは良い思い出となるようなプレゼントなのか……運が低迷しているから何事も慎重にするように、気をつけなさい、と心配してくれているのか……。

アドバイスだったら、不思議とその箇所、そのフレーズ、言葉が心に引っかかります。「ここだな～」と、自分でなんとなくわかります。

内容にしっかり目を通しても「ん～～～～？」となったり、「？？？」ハテナマークだらけとなる場合は、運の位置の可能性が高いです。しかし、本人が気づけなかったアドバイスということもあります。何ヶ月か経って、もしくは1年くらい経ってから、もう一度読み返すと、真意が読み取れたりするのです。

「あ！　ここがアドバイスだったんだ！」と、気づくことができれば、その感覚で次回から読み解いていけばいいのです。おみくじの読み方、アドバイスの受け取り方も訓練次第で、格段に向上します。

大吉を引いたら、もうそれだけで、ヤッホー！　バンザーイ！　神様、ありがとうございます！　と大喜びしていますす、という方は、それはそれで神様が微笑《ほほえ》ましく思われていますので、細かく分析しなくてもいいのかな、と思います。

大吉は運勢が良い、歓迎の印、神様からの応援、プレゼントなどなど、良いものがいっぱい詰まっていますから、持って帰ることがおすすめです。気持ちが落ち込んだ時や、ついていない時などに読み返すと、元気が湧いてくるからです。

良い運勢だった時の「気」を魂が思い出して、低迷した状態から脱出することもあります。大吉を貯めていくことは良い運の貯金みたいなものなのです。

神様に叱られるということ

お叱りは大変ありがたいもの

神仏とのコミュニケーションとなるおみくじですが、中には厳しい言葉のものもあります。「神様、どうかお言葉を下さい！」とお願いして引いてみたら、えらいきつい言葉が書かれていた……どうやら諫《いさ》められているようだ、ああ、あのことかな、となんとなく心当たりがある……となれば、

「うわ～ん、神様に叱られたー」と、泣きたくなることと思います。

このような状況になった時に、「神様に嫌われたんだ……」と落ち込む方が多いようで、「嫌われました。どうしたらいいのでしょうか、もうこの神社には行かないほうがいいですか？」という質問をよくいただきます。

逆です。神様に叱られることは、実は大変ありがたいことなのです。

ご縁を与えていない人や、好意を持っていない人には、神仏はそこまで親身になりません。放っておきます。悪いことをしていても、正しい道から外れそうでも、自由にしなさいと知らん顔です。神仏は誰にでも優しいわけではないのです。その人のことが大事だから、心配だから叱ってくれるのです。

大人になったら心を正す目的で叱られる、ということはほとんどないように思います。親兄弟、妻や夫、息子や娘、友人などに、仮に叱られたとしても……それを素直に受け入れる人がどれだけいるでしょうか。反発したり言い訳したりせず、言われるまま素直に自分を反省し、心を入れ替えよう、正しく生きよう、と思えるのは相手が神仏だから……ではないでしょうか。

本人に反省をうながす力を持っているのは、私たち人間よりも上の存在である神仏だけだと私は思っています。もしも……神仏が叱ってくれなくなれば、自分で気づくことなく霊格が落ちていきます。それはとても怖いことなのです。

おみくじに厳しい言葉があったなら

たとえば、ある男性が念願だった自分のお店を持ったとします。大福やお団子を売るお店だとしましょう。男性は長年、添加物なしで国産最高級の材料だけを使用した、美味《おい》しくて安全なお団子をお客さんに食べてもらいたい、という夢を持っていました。昔ながらの素朴なおやつ、牛乳や卵アレルギーで苦しむ子どもにも安心して食べてもらえるおやつ、それを提供したいと思っていました。

神社仏閣に参拝した時は、どうか夢が叶いますように、自分が作るお菓子で多くの人をホッとくつろがせてあげられますように、お店を持つことで社会貢献ができますように、と願掛けもしてきました。そして、ついに願いが叶ってお店を持つことができました。

国産最高級の素材だけを使いますから、当然商品のお値段は高めになります。それでも、体に良いものを食べたいと思うお客さんや、子どもに安全なものを食べさせたいと思うお客さんなどでお店は繁盛します。美味しいお団子をありがとう、とお礼を言ってくれるお客さんが増えていきます。

経営は順調で十分やっていけます。しかし、大きな利益は出せません。がっぽり儲かる、というところまではいかないのです。材料が高いからです。

そこで男性は、同じ国産だったら問題ないだろうと、材料の質を落とします。すると、同じ仕入れ金額でもっと多くの材料が買えますから、その分大きく儲かります。男性はさらに考えます。材料の半分を安い輸入品に変えたら、2店舗目をオープンできそうだ、と。すべてを外国産にしてしまうと味が落ちてしまう恐れがあるが、半分程度なら気づく人もいないのではないか、と思います。

この男性が神様にご縁をいただいている、もしくは行った神社の神様に非常に気に入られている、ご加護をもらっている場合は……思いっきり叱られます。おみくじのどこかに「信頼を欺《あざむ》いてはならない」とか、「神は嘘つきがキライである」とか、「心がけ次第では幸せになれない」とか、ひ〜！　きっつぅ！　と、ツッコミたくなるような厳しい言葉が書かれていたりします。

大事に思っているから忠告して下さる

きついおみくじを読んで「ここの神様は自分のことが嫌いなようだ、なんだか不愉快だから、もう来ないようにしよう」と、神様からの忠告を捨ててしまうのはもったいないです。捨ててしまえば、そのままです。神様は男性のことを大事に思うから、特別厳しい言葉で忠告をしてくれているのです。そんなことをしてはいかん、志を曲げてはいかん、客が離れていくぞ、と。

この男性が儲け重視で、材料を外国産に変えてしまったら……国産最高級の素材だけを使用しています、という宣伝が嘘になってしまいます。多くの人を騙すことになってしまうのです。それを早期に止めてくれる人がいるでしょうか。

奥さんと2人だけでお店をしているのであれば、材料が変わったところで誰にもバレません。奥さんが見て見ぬ振りをすれば、誰も正してくれないのです。そのうちお客さんが離れていって売り上げが落ち、慌ててもとに戻したところでお客さんは戻ってきてはくれません。最終的にお店をたたむことになるかもしれないのです。

神仏だけが本人の身になって、心を正せるのは今のうちだ、本来のお前から変わってはいかん、お客さんの信頼を大事にしなければいかん、と叱ってくれます。当の本人がまったく気がついていない失敗への道ですから、早期に叱ってもらえることは、ものすごーくありがたいことなのです。

ですから、厳しい言葉がおみくじに書かれていた場合、がっかりしたり、神様に失望したりするのではなく、その言葉で神仏が自分に何を伝えたいのか、神仏は何を言わんとしているのか、そこを真剣に考える必要があります。

いつもは手放しで大歓迎の雰囲気なのに、今日はなんだか拒否されてる？　ような気がする、と神社仏閣で感じたのであれば、即座に「嫌われた」と決めつけず、そこに結びつけて終わりにするのではなく、神仏が何かを伝えようとしているのだと気づくべきなのです。

叱られて心を正せることは、ありがたい恩恵の一つと知っておいたほうがよろしいかと思います。

願掛けでつらい状況を打破する

他人の悪意で苦しんでいる時のお願いの仕方

日々、多くのメッセージをいただいております。お手紙も出版社さん経由でたくさん届きます。その中には、神様はどうして私のお願いを聞いて下さらないのでしょうか……と、なぜ願いが叶わないのか納得がいかないというメッセージもあります。

書かれている内容を読むと、お願いの仕方がちょっと違うかも～、と思います。また、お願いの仕方がわかりませんので教えて下さい、と書かれたものもあります。そこで、願掛けの仕方についての注意点を書こうと思います。

娘さんが会社で数人にイジメられたり無視をされている、という読者さんのお話です。娘さんはそれでも頑張って働いていました。しかし、ある朝会社のそばまで行くと吐き気に襲われ、そこから先へはどうしても行けなかったそうです。その後も、会社のそばまでは行くのですが、同じように吐き気に襲われるため、今は心療内科に通院している、という内容でした。

読者さんはイジメる人たちの名前を娘さんから聞いていたので、神仏のもとに通っては、「イジメる人たちが幸せになりますように」とお願いをしているそうです。イジメに対するお願いの仕方がわからないので、これで良いのでしょうか？　というご質問でした。

この読者さんはきっと、イジメる人たちは幸せではないのだろう、と考えたのだと思います。だからそのようなことをするのであって、幸せになったら心もふんわりと柔らかくなりギスギスしないだろうから、イジメをやめるだろう、というお考えなのだと思います。私もそうあってほしいな、と思います。

しかし、世の中には、霊格の低い人がいるのも事実です。

幸せなのに意地悪な人もいるのです。優越感を感じる心地良さを味わいたいとか、負けず嫌いな性格のため、仕事ができる人や人気がある人を羨むとか、気弱な人をイジメてストレス発散するとか、そのような心根が良くない人もいます。

イジメる人が幸せになりますように、というお願いは読者さんの清い心を反映したお願いの仕方です。そしてそのお願いはそのまま受け取られ、その人たちが幸せになる方向で効きます。その人たちの霊格が低ければ……もしも心根が悪い人間だったら、幸せになるだけです。幸せになってもイジメは止まりません。

私の息子が同じ目に遭っていたとすると、私だったら「息子の精神面が心配です。どうか心が傷つかない職場環境になりますように。息子の心が壊れないようにお守り下さい」みたいな願掛けをするかな、と思います。神様でも現在の職場環境を今すぐに変えるのが難しければ、部署が変わっても構いませんとか、ひたすら〝息子を守って下さい〟という方向でお願いをします。イジメる人がイジメをやめますように、とはお願いしないです。

隣人がひどい嫌がらせをするというご相談も何通かいただいてきました。なかには驚くような悪質なものがあったり、警察に相談に行ったけれど改善しなくて困り果てている、というものもありました。隣人や同じマンションの住人から受ける嫌がらせのストレスは過酷なようで、読んでいて読者さんの毎日の苦痛を思いました。

このような場合、神様に「隣人が引っ越しますように」とか、「隣人がこちらに悪意を持たなくなりますように」と、隣人をなんとかしてほしい、とお願いをしてしまうように思います。

職場でイジメられているという方から激しい怒りのメッセージをいただいたこともあり

ます。どうしてイジメをする人たちを神仏は放っておくのか、なぜ懲らしめないのか、自分はやられるばかりで我慢しろと言うのか、神仏はひどい！　という内容でした。

そのお気持ちは痛いほどわかります。でも、この方もイジメる人たちをなんとかして下さい、懲らしめて下さい、というふうに神仏にお願いをしていたのかもしれません。

さきほどの「イジメる人が幸せになりますように」のように、お願いの仕方がちょっとでも違うと、思ったように事が運ばない可能性があります。イジメる人が幸せになったからといって、イジメをやめるとは限らないからです。

「あの人を懲らしめて」は叶えてくれない

願掛けには叶えてもらえない種類のものがあります。それが「イジメる人を懲らしめて下さい」「あの人がイジメないようにして下さい」です。

イジメを受けていたり、嫌がらせをされていると、つい、あの人をなんとかして下さい、あの人が引っ越していくようにして下さい、と言ってしまうと思います。この、〝相手をどうこうして下さい〟というお願いは叶えてもらえないと思ったほうがいいです。

自分のこの願掛けの効果として相手の頭の中……考え方を変えてほしい（あの人がイジメ

ないようにして下さい)、私の願掛けを叶える結果として相手を痛い目に遭わせてほしい(あの人を懲らしめて下さい)、など、そのような願掛けは却下されます。

絶対神はすべての人間に「自由意志」を与えていて、それはたとえ神仏でも侵してはいけないものです。ですから、他人の考え方を変えてほしい、というお願いを叶えるのは無理なのです。

イジメは絶対に良くないです。神仏もそれを知っています。しかし、人間にはイジメる自由があります。「えっ? 悪いことなのに?」と思われるかもしれませんが、良い悪いに関係なく、それをするかしないか、その選択権があるわけです。たとえ、ものすごく悪いことでも、悪いことをする自由が人間にはあるのです。

世界中で凶悪な犯罪が起きています。銃を乱射して殺人を犯す人をどうして神仏は止めないのか、というのも同じ理由です。被害者となる人がかわいそう、と思うのは神仏も同じですから、なんとか救うべくお声がけをしています。そっちへ行ってはいかん、こっちに行きなさい、と……。

声は届く人と届かない人がいます。届かない人というのは霊感がない人という意味ではなく、魂がキャッチしているのに脳(顕在意識)に届かない人です。パニックに陥って頭に血がのぼり右往左往している状態だったら届きません。低い波動や、低い感情を発して自分から煙幕を張っているせいで届かない人もいますし、不安や心配などで心が極端に疲れていても届かなかったりします。

届いていても受け取らない人もいます。なんとなく、この先へは行ってはいけない！と強烈に思ったり、嫌な予感を覚えながらも、気にせず進む人もいます。

神仏が縁を与えている人だったら、危険を察知した神仏が転ばせてケガをさせてでも止めます。しかし、殺人者のほうをどうこうするということはありません（まれに例外もあります）。

神社の境内で事件が起こる、お賽銭が盗まれる、国宝や重要文化財の社殿が傷つけられる、なども理由は同じです。神様に止める力がなかったからではありません。神様がいない神社だからでもないのです。

そこには人間の自由意志を侵してはいけないという不文律があるのです。

どちらかに肩入れしないのが神仏のルール

さきほどのお話に戻りますが、神仏は〝あの人をどうこうして下さい〟という願掛けは聞いてくれないです。例として、Aという新しく始めたお店の店主が「向かいのBというお店の店主が嫌がらせをするから、懲らしめてほしい」というお願いをしたとします。

Bの店主は、口コミにAの店をわざと悪く書いたり、自分のお客さんに「Aは粗悪品を売っている」などと根も葉もないことを言ったりします。そのせいでAの店は売り上げがガタ落ちです。Bの店主は悪い人だから神仏が懲らしめるのは当然、とAの店主は思います。こっちは何も悪いことをしていないのに、嫌がらせをされて苦しい思いを我慢するのはおかしい、こちらが正しい、とこれは正論です。

けれど、神仏はその願いを聞いてはくれません。一方の言うことだけで、他方を懲らしめたり、何か苦痛を与えたりしないのです。

そこには神仏の正義というか、ルールみたいなものがあります。どういうことかと言いますと、実はBの店主も神社にお参りに来ています。B店主もA店主のことを神仏にお願いします。

「向かいのAは、メディアに取り上げられてテレビに出たことや、新しくて洒落た店舗が自慢で仕方がないらしく、一日に何回も通りに出て、勝ち誇ったような顔でこちらを見ています。時々、夫婦で店の前に立っていて、これみよがしに幸せアピールをして私を苦しめます。私は孤独で一人ぼっち、売り上げも多くありませんし、お店も古くてみすぼらしいです。でも一生懸命生きています。見下されるいわれはありません。Ａはわざと私に笑い声を聞かせたりして意地悪をします。神様、私は毎日苦しくてたまりません。神様、意地悪で傲慢なＡを懲らしめて下さい。どうかお願いします」

こう言って、Ｂ店主は泣きます。Ｂ店主にはＢ店主なりの理屈があって、自分のほうが苦しい、それをもたらしたのはＡであると、本気で自分が被害者だと思っていたりするのです。

神仏は一方的なこの主張だけを聞いて、Ａ店主を懲らしめたりしません。同じことなのです。どちらかに１００％味方をして、有無を言わせず

相手を攻撃する、ということはありえないのです。ですから、「自分を救うために他人をなんとかして下さい」という種類の願掛けは聞いてもらえないというわけです。

「私を救って下さい」とお願いする

では、隣人などがひどい嫌がらせをする場合、どうお願いをするのがいいのでしょうか。まず、つらく苦しい状況をしっかりと神仏にお話をします。どのような部分が、どういうふうにつらいのか、詳しく現状を話します。そして、願うのは「私が心穏やかに暮らせる日々がきますように」「心の病気になりませんようにお守り下さい」なのです。

夫が浮気をしています、別れたくありません、夫に浮気をやめてほしい、というパターンの時も、つい、「夫が浮気をやめますように」と、夫をどうこうしてほしいと願ってしまうかもしれませんが、これも違うのですね。「幸せな家庭に戻れますように」「私をこのつらい状況からお救い下さい」なのです。

職場に意地悪な人がいる、あの人が会社を辞めてくれたら楽になる、円満に解決する、辞めてくれないかなぁ、と思ってもそんなことをお願いしてはいけません。「働きやすい職場環境になりますように」なのです。

すると、神仏は意地悪な人に、もっと良い職場を見つけたり、意地悪な人の能力が発揮できる部署に変えたりします。懲らしめて去るようにするのではなく、結果として目の前からいなくなるようにしてくれる、というわけです。

ごく普通の神仏だったら、このように、「あの人をどうにかしてほしい」と他人をどうしろこうしろというお願いは聞いてもらえません。ですので、私を救ってほしい、私を守ってほしい、という方向でお願いをします。

ただ……神仏もいろいろおられます。なかには「あの人を懲らしめてほしい」「あの人がクビになりますように」というダークな願掛けでも聞いてくれる神様もいます。そのような神様は多くないので、誰かをなんとかしてほしいな〜、と思った時は、願掛けの仕方をちょっと変えてみてはいかがかと思います。

第5章

あの世とこの世を繋ぐ恐山

宗派を超えた供養の場

不気味なイメージは誤解だった

恐山《おそれざん》の名前だけは知っている、という方は多いのではないでしょうか。草木もはえない荒涼とした大地に、かざぐるまがクルクルとまわっている写真を見たことがある、という方も少なくないと思います。イタコがいることでも有名です。私の知識もその程度でした。

ネーミングからして、なんだかおどろおどろしい場所というイメージを子どもの頃から持っていました。オカルトチックな写真を見たからかもしれません。成仏していない幽霊がうじゃうじゃと大量にひしめき合っている、そんな印象だったのです。

イタコのことも、成仏していない幽霊を呼ぶのだろう、と勝手に想像していたので、できればそのような場所は遠慮したいと思っていました。へたに行って、ついてこられても困るからです。

昨年の夏、早池峰神社のお礼参りで3度目の東北を訪れました。せっかく東北まで行くのに、早池峰神社だけを参拝して帰るのはもったいないと思ったので（当時はまだ関西在住でしたから、東北は気軽に行ける場所ではなかったのです）、東北で他に見ておくべきところはどこかと考え、「恐山しかないかも……」と思いました。

交通アクセスや宿坊などを調べていると、恐ろしげな写真などが目につき、「宇曽利湖《うそりこ》は極楽浜と呼ばれ、その鮮烈な美しさがかえって不気味さを感じさせる」などという文言も目についたりして、「やっぱり不気味な場所なのか……」と、この時点で恐山とはそういう場所である、ときっぱり腹をくくりました。

早池峰神社がある岩手県花巻市から移動して八戸で1泊し、翌朝、レンタカーで座敷わらしの亀麿《かめまろ》神社（第6章でご紹介します）を参拝してから恐山へと向かいました。亀麿神社のある二戸市からは3時間ほどのドライブで、その程度の距離は走り慣れているはずですが、なぜかものすごーーーーく遠く感じました。途中、森林とか野原とか、人が住んでいないようなところを走ったせいか、人里からかなり隔たっている、独立している、みたいな印象を受けました。

陸奥湾《むつわん》の標識を見て、陸地の奥のほうだから陸奥というのかな〜、と、妙に納得したりもしました（道の奥というのが正式な語源らしいです）。とにかく遠く離れた感が半端なかったです。

恐山菩提寺（恐山 伽羅陀山《きゃらだせん》菩提寺）の広々とした駐車場に到着して車を降りると、強烈な硫黄臭が鼻をつきます。ウップ、と思わず鼻と口を押さえてしまうニオイです。

大分県別府や宮崎県えびの高原など、あちこちで硫黄臭を嗅いできましたが、強さが全然違います。もしかしたら時期や日によって違うのかもしれませんが、「くぅ～、これはきついぃ～」と思いました。私は宿坊に1泊して24時間近く恐山にいたので、硫黄臭が体にしみついて2～3日取れませんでした。それくらい強いです。

あとからお坊さんに聞いた話では、亜硫酸ガスのせいで、頭痛がする人もいるそうです。「頭が痛いのは霊がいるから⁉」と考えるかもしれませんが、原因は亜硫酸ガスです」とのことです。強めの硫黄臭ですが、しばらく境内をブラブラしていたら鼻が慣れました。

境内に入ると、「気」が明らかに〝お寺〟ではありません。文章で説明するのが難しいのですが、お寺という仕組み、組織、そのような、なんと言いますか、「人んち」という感覚にならないのです。仏様の「気」と場の特殊性が非常に強くて、「仏様んち」「仏様ワールド」になっています。まだその時は事情がわかりませんから、不思議だな～、なんだろう、この雰囲気は？　と思いました。

宿坊でお坊さんに聞いたお話では、恐山の管理は曹洞宗円通寺がしているそうです。供養をお願いすると、曹洞宗のお経をあげてくれるとおっしゃっていました。しかし、恐山自体に宗派はないそうです。自由にどの宗派のお経を唱えても良いそうです。宗派を超えた供養の場なので、好きなお経を唱えて大切な人の供養をすることができる、それが恐山です、というお話をされていました。

新たに知った龍のルール

先に龍神のお話をしておきたいと思います。

この日はあいにくの雨模様で、ザーザーと朝からひどく降っていました。恐山は交通の便が良いとはいえない場所なので、生涯で参拝をするのは今回限りだろうと思った私は、恐山に向かう車の中で穂高さんを呼びました。

「穂高さん」は人ではなく穂高連峰にいる龍です。私が勝手に名前をつけて、こう呼んでいます。天気を自在に操れる神格が高い龍神で、人間の言うことを聞くレベルではありませんが、穂高神社奥宮の神様が「いつでも使っていい」と許可を下さったのです（ファンタジーのお話っぽくて信じられないかもしれませんが、実は契約も交わしています)。

来てくれた穂高さんに「雨を降らせないでほしい」と言うと、了解、といった感じで、しゅるる〜ん! と天高く飛翔していきました。

それから天気はみるみるうちに回復しました。真っ黒い雲が空一面にあったのに、だんだん白い雲になり、それが途切れ、やがて雲間から日が射し始めたのです。「おぉ〜、やっぱり穂高さんはすごい!」と思いました。この天気の回復具合は、何度見ても感動します。

晴れてきたので安心していたのですが、恐山まであとちょっと、という距離になると、また雲が多くなってきました。あれ? おかしいな……と思ったのですが、とりあえず宿坊にチェックインしました。宿坊のきまりごと、食事・入浴時間などの注意事項を聞いて、荷物をお部屋に置きました。

夕食まで時間があったので境内を散策することにし、宿坊の建物を一歩出たら……風がびゅうびゅうと吹き荒れていて、台風? というくらいの風速になっていました。空は真っ黒い雲に覆われていて、雨がポツポツ落ちています。

おかしいな、穂高さんにお願いしたのに……なんで雨が降っているのだろう、と思いつつつ歩いていると、石段が目に入りました。立派な鳥居もあります。鳥居があるということは石段の上には神様がいるわけです。

お寺の中なのに神様がいるのか〜、とそばまで行くと、「八大龍王善神」「稲荷大明神」という案内板がありました。仏様系のこの龍王は、人間の姿で作られている仏像が多いので、「神様？　じゃないよね？　仏様？」と思いながら石段を上がりました。

小高い丘の上には大小2つのお社があり、それは仏様を祀るお堂ではなく、神様が宿るほうの神道のお社でした。大きなお社が八大龍王善神ですが、お寺の境内にある神社様式のお社ですし、「入っているのだろうか？」と、半信半疑で祝詞を唱え（お社が神様系だったので）ご挨拶をしてみました。

すると、龍が上空に姿を現したのです。うわぁ、本当にいたんだ〜！　と、お顔を見ると、なんだか気難しそうなタイプです。眉間にシワを寄せているような感じです。とりあえずこの龍神に、どうしてお天気が悪くなったのか聞いてみました。穂高さんにお願いしたので晴れるはずなのですが？　ということも、口にしてみました。

すると、恐山一帯は自分の管轄である、他の龍にはさわらせない、と龍神が言います。今日はこの天気（風が台風並みの強さで、雨が時折落ちていました）の予定なので変えられない、と言うのです。

穂高さんは、この一帯も晴れにしたいと申し出たそうですが、この龍神が「ダメ」と、拒否したそうです。恐山は自分のテリトリーだから、管理をするのは自分である、と龍神は主張します。いくら穂高さんでも、それ以上は言えなかったみたいです。

「では、改めてお願いします。どうか雨を降らせないで下さい」と、龍神に頼んでみました。

「天気は予定通りこのままだが、お前が歩きまわる間は降らせない」と、やっぱり天気は変えられないと言います。仏教系の龍神だからでしょうか、厳しいです。

どんよりした空模様と風はそのままでしたが、約束通り私が散策する間、雨は一滴も降りませんでした。散策し終わったと同時に、ザザザーッと勢いよく降り出し、その後はザーザーと降っていました。

「明日もこのような暗い空なのでしょうか？」とお聞きすると、

「明日の朝は晴れにする」とのお答えで、その言葉通り、翌日は良いお天気になりました。

不思議だったのは龍の関係です。普通に考えると、穂高さんのほうが断然神格が高いので、ここの龍神は穂高さんに逆らえないような気がするのですが……違うのですね。たとえ神格は低くても、ここをテリトリーとしている龍神に権限があるのです。ですから、この龍神が「晴れにしない」と言えば、穂高さんはあきらめるしかありません。そうか〜、そのようなルールがあるのか〜、と私はここで学習しました。

高波動とパワーをもらえる境内

翌日は早起きをしてお寺の勤行よりも先に、つまり恐山のご本尊に会う前に龍神にご挨拶をしました。上空には澄んだ青空が広がっていて、とても気持ちのよい朝です。丘の上は清浄な時間独特の「気」と龍神の「気」で、スッキリと浄化をしてもらえる場所となっており、その恩恵をふんだんにいただきました。

隣のお社にいるお稲荷さんは龍神の眷属ではありませんが、お稲荷さんも仏様色で、龍神の下でお仕事をしています。尻尾が上を向いていて割れていませんでしたから、修行系のお稲荷さんのようです。どこかから勧請されて来たみたいです。

龍神に「ここで願掛けをしても良いのでしょうか？」と質問をすると、ワシは願いを叶えることはしない、みたいなニュアンスの答えが返ってきました。お仕事はこの一帯を守ること、なのだそうです。人間の願いを聞くために働く龍ではない、とのことです。

隣のお稲荷さんも同じですから、このお稲荷さんに商売繁盛など、個人的なお願いをしても叶う率は低いのではないかと思います。

龍神の境内は、恐山の仏様ワールドとは少し異なっていますから、恐山に行かれる方は参拝してみると、その違いがわかると思います。仏様の色を帯びた龍神は、とても頑固で、ちょっぴり厳しめの性質ですが、すがすがしく爽やかな高波動とパワーをもらえます。龍神の境内はとても気持ちが良い場所となっていました。

あの世との境目・宇曽利湖

私は恐山の宿坊に1泊したので、じっくりと境内を見てまわることができました。ざっとまわれば40分程度だということですが、私は2時間以上かけて、それも1日目と2日目、2回まわりました。本当に隅から隅まで見ました。

境内は総門から山門、正面にある地蔵殿まで参道が一直線になっています。ここはごく普通のお寺と造りは同じです。この参道の左手に、荒涼とした土地が広がっています。岩場はたしかに草も木もはえていないところがあります。地面が黄色に変色したところもあったりしますが、でも大部分はごく普通の境内です。草も木もはえています。

境内はアップダウンがありますから、ちょっとした丘なんかもあって、その奥に行けば湖があります。宇曽利湖はとても美しい湖で、湖の向こうは山になっていました。こちらの砂浜と向かいの山の間に湖がある、という地形です。湖に流れ込む川の中にはpH3以下のものがあり、湖底から硫化水素も噴出しているため、水質は強酸性だということです。

あの世と繋がっている宇曽利湖

湖面の色の見え方も日によって違うようで、私が参拝した初日は薄い水色からエメラルドグリーンまでのグラデーションが見事な、それはそれは美しい色になっていました。南国の海のような色なのです。翌日はそこまで美しくなかったし、エメラルドグリーンというよりもコバルトブルーだったので、お天気に左右されるのかもしれません。

さて、この宇曽利湖ですが、ただの湖ではありません。あの世と繋がっています。

「うわー！　なに？　ここ？」と、私は最初、神秘的なその仕組みが信じられませんでした。でも本当です。日本中でここだけではないか、と思っています。

あの世に繋がっているというか、あの世とこの世の境目となっています。あの世への入口、あの世へのドア、そんな場所なのです。湖の真ん中あたりが境目です。私たちが立っている砂浜がそのままこちらの世界で、湖の半分あたりから向こうが、あの世へと続いています。

境内の中心部から湖は見えません。小さな丘を越えるような感じで坂を登って、てくてく歩いていると見えてきます。湖だ〜、と喜んで近づいて行くと、距離が近くなるにつれて、全身の肌がサワサワしました。鳥肌とは違います。肌が動く感じなのです。今まで感じたことのない特殊な感覚で、あの世の何かに肌が反応したようでした。

湖があの世とこの世の境目である……それがどうしてありがたいのか？　私たちはどのようにその場所を活用すればいいのか？　について、順を追って書いていこうと思います。

幽霊を救ってくれるお地蔵さん

成仏できない霊はお地蔵さんにすがるといい

恐山には非常に多くの、〝道が繋がった〟お地蔵さんの仏像・石仏があります。ご本尊も地蔵菩薩となっているせいか、境内はお地蔵さんパワーが充満しています。最初に感じた仏様ワールドという印象の、その仏様はお地蔵さんだったのです。

広い境内のあちこちにお地蔵さんがたくさんおられます。仏教では「地蔵菩薩」がどのような役割を果たすことになっているのか、私はよく知らないのですが、私の感覚で言うと、お地蔵さんは亡くなった人のお世話をしてくれる仏様です。成仏していない人を助けたりもしますし、苦しみなどを消してくれたりもします。

広島県福山市新市町《しんいちちょう》にある相方城跡《さがたじょう》に、珍しい「猫地蔵」があります。成仏できないという親子の猫のために、お地蔵さんを建てているのです。ここのお地蔵さんも道が繋がっていたので、質問をしてみました。交通事故や水難事故の現場にお地蔵さんの石仏を作ったら、どうして成仏できるのか？　についてお聞きしたのです。

お地蔵さんの答えはこうでした。供養の石仏は〝亡くなった人のために〟作ったお地蔵さんです。お寺のご本尊にするような、仏様として拝む目的で作ったのではありません。ですから最初は、お地蔵さんと道が繋がっていないのです。

しかし、その石仏にお地蔵さんと繋がる道ができると（太く強いものではなくて、細〜くて弱〜い道ですが）、その〝道〟に救われるというか、その道のおかげで成仏するらしいです。お地蔵さんが通れる道＝波動の高い道です。それが、自分のための石仏、自分と同化している石像の内部にできるのです。その作用のようです。

この話を聞くまで、お花やお饅頭などをお供えして供養をするから、その供養が貯まってレベルが上がる手助けになっているのかな、と私はそう思っていました。お地蔵さんによると、その恩恵も大いにあるというお話でしたが、直接の理由は、〝仏様との道〟でした。その仏様が、亡き人のお世話を手厚くして下さるお地蔵さんだから、余計に救われるのだろうな、と思います。

まだ、幽霊が見えていた頃に（今は波動を合わせないようにしているので幽霊は見ません）、道端に安置されているお地蔵さんのそばに幽霊がいるのを何回か見たことがあります。その時は、「お地蔵さんって怖い！　そばにうっかり行ったら、あの幽霊がついてきそう」と警戒して近くには寄りませんでした。

後述しますが、成仏できない霊はお地蔵さんにすがるといいのですね。幽霊は自分であちこちをさまよい歩くとなかなか成仏できなくなります。お地蔵さんのそばまで行けば、その夜には成仏させてもらえます。

東京の高尾山のふもとにあるお地蔵さんの近くにも、成仏できない幽霊が集まっていました。あの幽霊も夜になったら、お地蔵さんに導かれて成仏したのだろうと思います。

このように、お地蔵さんは亡くなった人、成仏できない人を手厚くお世話する仏様なのです。その仏様が恐山にはたくさんいらっしゃいます。

毎夜、恐山の霊を全部成仏させている

宿坊でお坊さんに聞いたお話です。メモを取りながら聞いたわけではないので、大得意のうろ覚えで書いていています（もしも違っていたらすみません。大まかな感じでとらえて下さい）。

ご本尊のお地蔵さんが、毎夜お堂を抜け出して外に行くのだそうです。出て行って歩きまわる時に、成仏していない人が大勢お地蔵さんの裾にしがみつくので、裾がボロボロになっている……と、江戸時代のお坊さんが言ったとか言わないとか、そのようなお話だったと思います。聞いた時に、「ああ、それは作り話ではないなぁ」と思いました。

恐山は、成仏していない霊をつれて行くと、お地蔵さんが本当にあちらの世界に導いてくれます。ひと晩で成仏できます。ですから、もしも、亡くなった親しい人が無宗教だったとか、宗教をバカにしていたとか、もしかしたら成仏してないかも？　と思われたら、四十九日を過ぎて一度恐山に行くといいです。確実に成仏させてあげられます。

その場合、位牌の前でも納骨していないお骨の前でも構わないので、声に出して、一緒にお地蔵さんのところへ行こう、ついてきてね、と言うとついてきます。成仏していない場合、人間の体に乗っかるので、自分の体にその人を乗せて恐山まで行きます。恐山についたら、お地蔵さんのそばに行くように、今晩、成仏させてもらえるからお地蔵さんについて行くように、と言えばそれでオーケーです。

自殺は、しばらくは亡くなった現場にとらわれてしまうため、そこから動くことができません。ですから、本人をつれて行くのはあきらめ、お地蔵さんに救いをお願いします。お地蔵さんは迷っている霊をつれて行くプロですから、とらわれていても、もしかしたらなんらかの策を講じてくれるかもしれません。

事故で亡くなった方でしたら、念のため、事故現場でもついてくるように言ったほうがいいと思います。

お地蔵さんに確認したところ、毎晩、恐山に来た霊を全員、あちらの世界につれて行っているということでした。つれて行ってもらえた霊は成仏します。ですから、朝の恐山には、霊は1体もいません。参拝客がぼちぼち増えてくると、何体か霊も来るようですが、それもその日の晩にはすべて成仏していますから、翌朝はまたスカッと何もいなくなっています。霊がうようよいるような印象を持たれているかと思いますが、他のお寺のほうが多かったりします。

成仏させるのはどうして夜なのか？　とそこが不思議なのですが、私の祖父母がしていた丁寧な成仏のさせ方でも、夜に海に流してあげていたので、〝夜〟に秘密があるみたいです。何か霊界のルールみたいなものがあるのでしょう。とにかく、恐山につれて行きさえすれば、確実に成仏させてあげることができます。

宇曽利湖はあの世と繋がっているため、霊能力がなくても、お経を唱えなくても、湖に流してあげさえすれば成仏できます。そのような特殊な場所は、日本でここだけだと思います。

位牌やしおりのような形の縦長の紙（今は水に溶ける紙が売られています）に、俗名、年齢を書き、霊にその紙に入ってもらえば（ここに入ってね、成仏できるよ、と声をかければ自分から中に入ります）、そうしたらあとは宇曽利湖に流すだけです。これで自動的に成仏します。

ここなら、お経を唱えなくても確実に成仏させてあげられるのです。お地蔵さんについて行ってね、と言っても無宗教だった父にお地蔵さんがわかるかしら？　クリスチャンだった外国人の夫はお地蔵さんを知らないかもしれない、ちゃんとついて行けるだろうか？不安だわ、という方は、ご自分の手で流してあげるといいです。宇曽利湖は、自力で向こうの世界に行けない人を助けてくれる、ありがたい場所なのです。

あたたかい「気」の水子地蔵エリア

境内の奥のほうには水子地蔵のエリアがあります。お地蔵さんが何体か置かれていますが、代表的な水子地蔵は2体でした。とても大きなお地蔵さん像と、池の中にいるお地蔵さんです。もちろん、どちらも道が繋がっています。そして両方とも、優し〜〜〜〜いお地蔵さんです。

水子や幼くして亡くなったお子さんで成仏できず迷っている子がいれば、こちらでも確実につれて行ってもらえます。水子はこの世に生まれていないし、基本、迷ったりしないのですが、もしもなんらかの事情があってこの世にいる場合……そんなにあるとは思えませんが、もしもいたとしたら、どちらかの水子地蔵さんにお願いをするとつれて行ってくれます。

成仏しているかどうか気になって仕方がない、なんだか引っかかる、心配である、という方は行かれるといいです。心の荷が降りると思います。

幼くして亡くなった子も、迷うことはあまりないのですが、お地蔵さんに改めてお願いをしてもいいと思います。何か問題があれば助けてくれます。

水子エリアはとてもあたたかい「気」が流れていました。ほんわかと包まれるような感触があります。大きな水子地蔵さんが言うには、「この場所は子を思う親の気持ちがたくさんあるから」とのことでした。生まれることができなかった子どもを持つ人が参拝をして、ここで「子どもを思う気持ち」を、無意識に置いていくそうです。

成仏しているのか心配だったり、子どもに対する罪悪感が消えなかったりと、この2つは別の感情のように思うかもしれませんが、どちらも〝愛情〟なのですね。その愛情を、お地蔵さんを見てホッとした時に、または涙を流して浄化された時にそっと置くのかもしれません。

その親の愛情が水子エリアにはたくさんたまっているそうです。ですから、お地蔵さんも特別に優しいお地蔵さんとなっています。

亡くなった人とふれあえる場所

恐山で石を積むと供養になる

恐山のいたるところに小石が積まれています。絶妙なバランスで立っているタワー状のものもあれば、うずたかく積まれているところもあります。小石がそこかしこに積まれていると、では俺も、じゃあ私も、となるようですが、果たしてこの行為に意味があるのだろうか？　と思った私は、お地蔵さんに聞いてみました。

「石を積むことに何か意味があるのでしょうか？」

するとお地蔵さんは柔らかな声で答えます。

「やってみなさい。故人のためにする、という意識を持って積んでみなさい」

そうか、では父方の祖父にしてあげよう、と思いました。父方の祖父は私が生まれる前に亡くなっています。小石を1個持って、「父方のじいちゃんのため」と強く念じながら、そっと積んでみました。すると、目の前にいた（あとから詳しく書きます）祖父が、ニコッと笑うのです。「?・?・?」と思いました。

母方の祖父（審神者《さにわ》だった祖父です）は、仏の修行をしており、すでに格が高くなっているので必要ないとのことでしたが、やってみるとやっぱりニコッと目の前で笑います。若くして亡くなった従妹のためにも積んでみましたが、同じようにニコッと笑うのです。

石を積むことは供養の一つになっているのでした。大きな供養ではなく、小さな小さな供養です。故人がニコッと笑う程度の小さな供養になっています。なぜ、石を積む行為が供養になるのか……と、皆様が今、お持ちであろう疑問を、私も持ちましたので聞いてみました。

故人のために心をこめて〝何かをする〟、何か〝行動をする〟、それは供養になるのだそうです。小石を1個積むという行為でも、〝何かをしている〟わけです。お墓まいりをする、お墓にお花をお供えする、仏壇に手を合わせる、仏壇のお掃除をする……など、何かをすることはその行動だけでも小さな供養になるそうです。

写経も故人のために書くという作業をします。それだけでも供養になるのに、書くものはありがたい効力を持つお経ですから、二重に供養となっています。写経をしてもらった人は見えない世界からこちらに向かって、合掌をして「ありがとう」と何度も頭を下げています。とても大きな感謝をしています。小石を積むのは「ニコッ」ですから、写経がいかに大きな助けとなるかがおわかりいただけるかと思います。

ただし、この小石積みはどこででもやっていいわけではないそうです。普通の川だったら、無縁仏や成仏していない幽霊にしてあげることになります。あと一歩で向こうへ行ける、という状態の幽霊だったらいいのですが、石を積んだくらいではまだまだ成仏できないレベルにいる霊だったら、ついて来る可能性があります。

恐山だから自分の家族や親しい人にしてあげられるのです。あの世と繋がっている場所だからです。ここだったら、亡くなった人への供養になりますから、どれだけ積んであげても大丈夫です。

亡くなって間もない人とも会える

日本の三大霊山は、高野山、比叡山、恐山だそうです。高野山と比叡山は似ています。修行の山であり、空海さんや最澄さんをはじめ、多くの仏様の恩恵とご加護がもらえるところでもあり、山全体が境内です。

しかし、恐山は根本的に違います。修行の地ではなく、〝自分が〟仏様の恩恵をもらうために参拝する場所ではありません（個人的見解です）。この山は亡き人とふれあえる場所、亡き人にこちらが何かをしてあげる、そしてそれが直接届く場所なのです。

湖があの世との境目ですから、亡くなった人を水辺で呼ぶとその人が来ます。もちろん成仏した人です。向こうの世界から、肉体に近い感じでこちらの世界に戻って来ることができるのです。ですから、お墓がない、仏壇がない、という故人ともここでなら会えます。もちろん、お墓や仏壇がある人でも会えます。お墓や仏壇よりももっと濃く……と言いますか、手触りのある感じで会えるのです。

以前に別の著書で、出羽三山では亡くなった人を神様に呼んできてもらうことができる、会うことができる、というお話を書きました。私には亡くなった人が見えて、会話もできましたが、誰が行っても見えて聞こえるのか……そこは保証ができません、と正直に書きました。

しかし、ご両親に会うことができて大感動をされた方からメッセージが届きましたし、「母と祖父母が来てくれました」というメッセージもいただいたので、感じやすい人はうまく会うことができたみたいです。

出羽三山は山岳系神様の神域ですから、〝高い位置まで行った魂〟限定でした。もっとわかりやすく言うと、生まれ変わる時期が近い魂です。そこまで波動が上がっていれば、出羽三山の神様は必ず呼んできてくれます。

亡くなってそんなに時間が経っていない魂だと会うのは難しい、会えない可能性がある、ということも書きました。それは仲介してくれるのが、神様だからです。

恐山は仲介をしてくれるのが仏様です。あちらの世界の管理がお仕事ですから、あの世にいる人だったら全員、つれて来ることができます。成仏していない人はあちらの世界にまだ行っていないので、ここで会うことはできません。

けれど、成仏した人であれば、いつ亡くなっていようと、魂のメンテナンスが済んでいなくてまだ波動が低くても、大丈夫です。つれて来てくれます。ただ、すでに生まれ変わっていて、魂があちらの世界でお留守になっている場合もここでは会うことができません。

出羽三山は神様の神域ですから、わかる人にははっきりくっきりとわかります。３次元にいるような鮮明さです。登山中の人間の背中を押してくれたりもしますし、つまずいてバランスを崩しそうになったら支えてくれたりもします。生きてそこにいるような感じです。

恐山のほうはそこまで立体的ではありません。ちょっと平面チックな感じでそばにいます。たぶん、これは神様界と仏様界の違いなのだと思います。出羽三山は高い山で、霊山ですし、そのへんの聖域度の違いなんかもありそうです。

まだ波動が低くて出羽三山では会うのが困難な魂でも、ここ恐山だったら会うことができるのです。

故人とどのように会えるのか

参拝者を先祖と縁者がニコニコ待っている

境内の左手奥のほうに、とても大きなお地蔵さんがおられます。お地蔵さんの前には「八葉塔《はちようとう》」と書かれた札が立っていました。拝観料を支払った時にもらったリーフレットには境内のイラストマップが描かれており、その絵では八葉塔は細長い塔になっているので「？？？」と思いました。

土台部分が蓮《はす》の花の形をした、大きなスペースを確保する造りになっていたので、永代供養墓かな？　と思いました。以前にあちこちの霊園を取材したことがあるので、なんとなくそう思ったのです。後日、調べてみたところ、やはりここに納骨をしているようで、以前は塔が立っていたということです。大きなお地蔵さんは、蓮台の上に腰をかけている半跏《はんか》姿です。

2日目の朝に、恐山のことについて聞くと、台座の上まで上がってみなさい、と穏やかに言われました。一瞬、迷いましたが、お地蔵さんがオーケーだと言うので、納骨堂にいるであろう方々にお断りを入れてから階段を上りました（台座の上は上ってもいいように作られています）。台座だけでも結構な高さでかなり向こうまで見渡せました。宇曽利湖もそこから見えました。

八葉塔のお地蔵さん

その宇曽利湖ですが、驚くことに！　大勢の人が湖面に立っているのです。背後にある山から湖の半分あたりまでのスペースに、たくさんの人がいます。うわぁ、なんだかすごい混みようだけど、一体何をしてるんだろう？　と思いました。

「今日、参拝に来る人の先祖や縁者である」

えええーっ！　とよく見ると、どの人も嬉しそうにニコニコして待っています。

「でも、その参拝者が来ても、皆さん、こっちの世界には来られないのではないでしょうか？」

「そのために仏がいる」

参拝者が誰の供養で来たのか、誰に会いたくて来たのか、それがわかれば、湖の向こうから仏様がつれて来るそうです。たとえば亡くなったお父さんの供養に行こう、と思った参拝者が、お地蔵さんに「お父さんが安らかでありますように」と願ったとします。すると、大勢の中からお父さんが探し出されて、こちらの境内につれて来られます。

参拝者本人には見えないかもしれませんが、お父さんは実体としてすぐそばにいます。頭を撫でているかもしれませんし、手を握っているかもしれません。絶えず話しかけているかもしれません。もしも見えなくても、魂はわかっていますから、急に涙が出たりしますし、参拝後にものすごーく爽やかな気持ちになったり、気分が晴れ晴れとしてウキウキしたりします。

お父さんの供養に来た、ということでお父さんはこちら側に来ていますが、他のご先祖様やおじいちゃんおばあちゃんは湖の上から見ています。そちらもニコニコしています。自分が呼ばれなくても、子孫が……孫がこの場に来てくれて、近くで見られることが嬉しいのです。

〝会いに来た〟という、この亡き人のために〝何かをすること〟は供養になると先ほど書きました。来てくれた、もうそれだけでご先祖様やおじいちゃんおばあちゃん、その他の縁者はありがたいわけです。

恐山で、ご先祖様を一括で供養すれば（お坊さんに祈禱を頼まなくても、お地蔵さんに直接お願いすれば聞いてもらえます）、大勢のご先祖様が向こうからつれて来られます。どのご先祖様も喜んでやってきて、ワイワイと取り囲んでくれそうです。それもいいな～、と思いました。

私の亡くなった身内を呼んでみました

八葉塔のお地蔵さんが「自分で体験してみなさい」と言うので、宇曽利湖の浜に行きました。そこで、

「じいちゃーん！」と、まず父方の祖父を呼んでみました。

すると、子ども？　という背格好（10歳くらいの男の子です）の仏様の眷属というか、仏様の見習い修行中みたいな存在がスッと来ました（仏様の姿をしています）。力がないから子どもに見えるのか、本当に子どもなのかは不明です。

この眷属が、父方の祖父を湖の真ん中からつれて来て、浜に上陸させます。祖父はもう飛び上がらんばかりに大喜びしていて、私の頭をよしよし、と愛おしそうに撫でます。満面の笑みです。相当嬉しいようでした。

次に母方の祖父を頼もうとしたら、こちらの祖父は自力で来られるそうで、自分でスーッとやってきました。仏の修行をしていて供養は必要なくてもこぼれるような笑顔で嬉しそうです。

2年前に亡くなった従妹も頼むと、また眷属が湖の真ん中まで行き、そこからつれて来て上陸させます。

「ばあちゃーん！」と、霊能者だった祖母を呼ぶと、眷属が首を横に振ります。すでに生まれ変わっていて、あちらの世界にはいないそうです。

へぇ〜！　そうなんだ！　とこれも驚きました。やっぱり仏様はあちらの世界の人のことを全員把握しているのです。すごいなぁと思いました。

詳しく聞くと、生まれ変わった人だけでなく、生まれ変わる直前の人も恐山には来ることができないそうです（出羽三山だったら降りて来ることができます）。神様修行に入った人もここには来られないということでした。

つまり、成仏した人と、生まれ変わりを選ばずにあちらの世界で仕事をしている人、仏様修行に入った人は、来ることができるわけです。

2人の祖父は、私が幼い子どものように思えるのか、頭をナデナデしてくれました。審神者だった母方の祖父に、私が今あるのはじいちゃんのおかげ、と感謝を述べると笑っていました。その顔がそのまま、幼い頃に見ていた祖父の顔で……あ！　そうだった！　じいちゃんって、歯が何本か無かったんだった〜、と思い出しました。完全に忘れていた祖父の特徴です。笑うと歯がないことが丸わかりだったのです。久しぶりに会って思い出しました。

故人は参拝者が一番しっくりくる姿で現れます。祖父は亡くなった時の年齢ではなく、元気だった頃の姿でした。

私はついつい自分の話ばかりをして、帰る時に、しまった、じいちゃんが仏様修行でどんなことをしているのか聞けば良かった、とちょっぴり後悔しました。でも、祖父２人も従妹も嬉しそうに楽しそうに話を聞いてくれたので、こちらの世界の報告をしてあげて良かったんだと思います。

宿坊で夕食後に見せてもらった、恐山特集の番組のＤＶＤに、26歳で娘さんが亡くなったご両親が出ていました。極楽浜にシートを敷いて、お花とお母様の手作りのお弁当をお供えしていました。娘さんは眷属がつれて来ているはずですから、きっと美味しい美味しい、と言ってお弁当を食べたことと思います。ご両親には見えていなかったかもしれませんが、お父さんありがとう、お母さんありがとう、と抱きついて感謝を伝えたのではないかと思いました。

ここでは確実に亡くなった人にプレゼントが届きます。お墓よりも仏壇よりも、もっともっと近いのです。亡くなった誰かに直接何かをしてあげたい、そう思う人は恐山に行くといいです。実際にじかに会えるので、とても喜んでもらえます。

ここでは普通に会話もできますが、まだ霊能力が発達途中の方は、ちょっと難しいかもしれません。でも、こちらが話したことはすぐそばで全部聞いていますから、たくさんお話をしてあげると喜ばれます。

恐山は自分のための願掛けをする場所ではありません。「心安らかに」と供養をすることも悪くはないのですが、違うかな、と思います。故人はすでに心安らかにあの世にいるわけですし、ニコニコしてそばに立っているのです。いろんな報告をしたり、ありがとうと伝えられなかった感謝を直接言ったり、悩みを打ち明けてもいいかもしれません。恐山とはそういうところなのです。

極楽浜には亡き人を思う心が……愛情がふんわりと積もっていました。人が人を思う気持ちは崇高です。ですから、この浜にいるととても癒された気持ちになります。本当に良い場所なのです。

恐山の宿坊に泊まらないのはもったいない

近代的で料理も美味しい

宿坊である「吉祥閣《きっしょうかく》」は、近代的でキレイでした。お部屋は広いし、精進料理も美味しくて、お坊さんの法話もためになります。恐山で過ごす夜は貴重な体験です。行かれる方は1泊されることをおすすめします。

現地に行くまでは、写真を見てもなんだか恐ろしげだし、夜、外に出るとかありえない、と考えていました。境内に温泉がある、という宿坊情報を見ても、いやいやいや、無理無理無理、いいです、大浴場で……と思っていました。夜の恐山の境内にある温泉、それも小さな小屋なのです。うっかり何かと遭遇しそうだと思っていました。

しかし、実際に行ってみると恐山はまったく怖い場所ではないとわかり、だったら外の温泉にも入るべきだな〜、せっかくだもんね、と行ってみました。フロントに懐中電灯が用意されていたので、一つお借りしました。

境内は真っ暗闇ではなく、女性用の温泉のところに電灯がともっています。しかし、明るいとは言えず境内はぼんやりと薄暗かったです。でも全然怖くないのです。シーンとした静寂と幻想的な風景が作り出す世界は、どこか懐かしいような、そんな気分にさせます。参道を歩いていると、なんだかワクワクしました。

もちろん霊などは一切いません。お地蔵さんがつれて行ったあとだったのだと思います。境内は夜なのにすがすがしく感じられ、「この雰囲気、好きかも〜♪」と思いました。星空も見たことがないような、ものすごい数の星がキラキラとまたたいていて、しばらく参道をブラブラと歩いて夜の境内を楽しみました。

パワーありすぎの素晴らしい温泉

女性用温泉は2つあって（男性用も2つあります）、どちらもシャワーなどはありません。昔ながらの温泉です。源泉掛け流しですから、きゃーっ！　と言うほど熱かったです。水を好きなだけ入れてもいいということなので、だばだばと水を入れまくり、温度を下げて入りました（私一人だけでした）。

ここの温泉は、ものすごいパワーです！　地球のエネルギーだけでなく、あちらの世界と繋がっている独特のパワーや、仏様の高波動も入っているからか、お湯からもらえるエネルギーが体にも霊体にも入ってきます。

私はかなりぬるめにして入りました。それも1分くらいしかつかっていません。なぜなら隣の温泉も試そうと思ったからです。急がないと、誰かが入ってきたら気を使うしな～、と焦っていたので、1分くらいであがったのです。隣でゆっくりすればいいかな、と。

その後間もなく、汗が際限なくダラダラと出始め、体がホコホコほかほかして、隣の温泉は見学しただけで浴槽につかるのはやめました。パワーがありすぎの、すごいお湯なのです。

しかも、ですね、女性の皆さん、美肌効果が半端ないです。境内の温泉は【イオウ成分が眼に影響する場合がありますので、顔を洗ったり、湯を頭から浴びたりしないで下さい】と、宿坊のきまりごとに書かれていたので、目から下にだけ、ぬりぬりしてみました。その後、境内を歩き、もう一度大浴場に入ってシャワーで流して……お部屋に戻って、びっくりです。肌が！　つるんつるんになっていました。

えっ！　識子さんってたしかオバサンだったはず……と思われた方、ええ、そうです、オバサンでも、つるっつるになるのです。自分でもありえないと思うくらい、肌が柔らか〜くすべすべになっていました。

霊的パワーも充電してくれますし、地球のエネルギーで細胞が活性化します。何もかもがありがたい温泉です（ただし、脱衣所は清潔とは言い難いです）。大浴場も温泉ですが、境内にある温泉とは強さが全然違います。宿坊に泊まるのであれば、夜の境内の温泉に入らないのはもったいないです!!　あ、そうそう、気持ちも明るく前向きになります。心にも作用する、そんな素晴らしいお湯でした。

携帯はキャリアによるのでしょうが、宿坊内は使用できませんでした。境内では使えました。お部屋にテレビはありません。そして22時消灯です。

これは書かなくてもいいかな、と思ったのですが、同じ目に遭う方がいらっしゃるかもしれないので、「心配いりませんよ」という意味で書いておきます。

「開けてー！」

「開けてー！」と、夜中に、女性の太い声が大絶叫しているのが聞こえました。叫んでいる言葉と、お地蔵さんがつれて行っていないところをみると、怨霊か何かだろうと思います。古い時代のお坊さんが地下にでも封じ込めたのでしょう。

でも、怖がらなくても大丈夫です。しっかり封じ込められていますから、そこから出ることができません。なので、目の前に現れることはないです。宿泊していて、もしも声が聞こえた場合、うるさいだけです。

私は「ンモー、うるさくて寝られない〜。どなたか知りませんが、いくら叫んでも、その扉は誰も開けてくれませんよ」と、腹が立って逆に文句を言いました。すると、怨霊もムッとしたのか、さらにでかい声で「開けてー!!」と叫んでいました。

ムッキー！　うーるーさーいっ！　と、イライラしました。負けず嫌いな怨霊です。私のように文句を言うとさらに声を張りますから、「あ〜、はいはい、開けてもらえたらいいね」と無視して寝るのが一番です。

仏像はコワモテだが中の仏様は柔和なお顔

朝の勤行は、まずは地蔵殿からでした。地蔵殿は総門から参道をまっすぐ歩いた正面にあります。こちらが本堂と思ってしまうかもしれませんが、違うのです。

勤行は、お経を唱えながら太鼓をドンドンと叩いていました。お坊さんの声が朗々と響き、オペラ歌手のようで心地良かったです。ご本尊のお地蔵さんはとても豪華な服を着ています。その仏像のお顔が……ひょえ〜！　と叫んでしまいそうな、お地蔵さんとは思えない怖さでした。木像で玉眼（目が水晶）です。円仁《えんにん》さんが彫ったお地蔵さんらしいのですが、時代が若干違うかも？　と思いました（個人的な感想です）。

仏像のお顔はビビるくらい怖いのですが、中の仏様はにっこり！　と柔和なお顔で微笑まれています。あ〜、お地蔵さんらしいな〜、としみじみ思いました。お地蔵さんの裏には円仁さんの像もありました。

その後、参道の左手にある本堂に移動して、そちらでの勤行です。本堂は入った瞬間に、ああ、ここは供養専門だ、とわかる「気」が流れています。釈迦如来像が安置されていました。

勤行が終わってお堂の中を見せていただくと、このお堂にはケース入りの立派な花嫁人形がたくさん飾られていました。

若くして亡くなった男性、独身のままで亡くなった男性のあの世でのお嫁さんなのだそうです。ご遺族の方が、あの世でお嫁さんをもらって幸せに暮らしてほしい、と願いをこめて奉納されるということです。日本人形もあれば西洋風のお嫁さんもあって、それはもう本当にたくさん飾られていました。花嫁人形のケースの中に亡くなった男性の顔写真が入れられていて、残されたご家族の愛情を感じました。

奥の院は地蔵殿後方の小高い山の上にあって、お不動さんがおられます。道は繋がっていますが、そんなに強くないです。ここはお不動さんよりもお地蔵さんのほうが断然力が強いのです。

恐山は魂が癒される聖地だった

恐山は名前の雰囲気やオカルトっぽくとらえている情報から、つい、おどろおどろしい境内で、成仏していない幽霊がいっぱいいる不気味な世界……を想像してしまうと思います。荒れた大地にかざぐるまがクルクルまわる風景の写真を見ると、行くとヤバいんじゃないの？　変なものがついてくるかも……という気持ちになるかもしれません。

しかし、実際はまったく怖い場所ではなく、心霊スポットでもありません。行ったら祟《たた》られるという噂もあるそうですが、決してそのようなところではありません。本当に癒される聖地なのです。

参拝客にくっついて幽霊が境内に入っても、その夜にはお地蔵さんが全員を成仏させますから、朝は幽霊など1体もいません。実に清浄で澄み切った仏様の世界です。では、朝以外……たとえば夕方に行くと、参拝客が置いていった幽霊に取りつかれるのでは？　とお考えになる方がいらっしゃるかもしれません。

幽霊は成仏したいわけですから、そこでお地蔵さんとともに夜を待ちます。夜になれば確実に救われるのに、助けてくれるかどうかわからない人間について行ったりしないです。

恐山では亡くなった人も生きている人間も両方、癒されます。宇曽利湖の水辺でボーッと湖を見ていると、魂が穏やかに落ち着いていきます。それはいつか戻る世界、自分のふるさとを魂は知っていて、そこに近いことがわかるからだと思います。あちらの世界に帰る時の安らかな感覚になるのです。なんとも言えない癒し……満ち足りた気分になります。

恐山は、高野山、比叡山に比べると、見どころは少ないです。遠路はるばる行ったのに、え？　見るとこって、たったこれだけ？　と思うかもしれません。観光には向いていませんが、亡くなった方を喜ばせてあげよう、と思われた方は一度行かれてみるといいと思います。

第6章

摩訶不思議な東北

遠野地方で出会った妖怪

「遠野物語」の世界

ちょっと行って自分の目で見てみたいな〜、という読後感想を持ったのは、柳田國男の「遠野物語」です。昔話と神話と怪談が混ざったような、なんとも不思議な世界となっています。是非その土地に自分も立ってみたいと思いました。同じ体験ができるわけではないとわかっていても、何かしら感じることがあるように思ったのです。

遠野地方はいわて花巻空港から車で約1時間のところにあります。中心部でもそんなに混雑していない、落ち着いた静かな町です。憎めない妖怪がいたのは、「続石《つづきいし》」という場所で、中心部より少し離れた場所にあります。

遠野市観光協会公式サイト「遠野時間」では、

【鳥居をくぐり、山の小道を15分ほど登ると、杉林の小高いところに鳥居状の巨石の創造物に出会います。２つ並んだ石の上の、左側の方のみに幅7メートル、奥行き5メートル、厚さ2メートルほどの巨石が笠石として乗っています。「遠野物語」の第91話に出てくる奇石で、古代人の墓とも、武蔵坊弁慶が持ち上げて作ったともいわれています。】

と、紹介されています。「遠野物語」91話には、続石のそばで里の人が山神と出会った内容が書かれています。

弁慶が巨石を持ち上げて作ったとされる続石

神様と会えるような神秘的なところなのかな、程度の認識で行って驚きました。石が大きいのなんのって、すごいのです！　台座の石も大きいのですが、上に乗っている石が想像をはるかに超えていました。いくら弁慶でもこれを載せるのは無理、と誰もが冷静に判断する大きさです。

土で台座の石を埋め、その上に転がして載せたのかな、と思いましたが、そうだったとしても転がして移動させるのが大変そうです。しかも、なんの目的で山の中にこれを作ったのか……と謎だらけの古代のオブジェでした（本当に山の中なので、鹿とか熊とかフッーに出てきそうでした）。

道を教えてくれた親切な小鬼

続石のそばには小さなお社がありました。神様にお話を聞いてみよう、と祝詞を唱えてみると、ここには神様はいませんでした。あ、空っぽなのか〜、と思いましたが、唱え始めたものを途中でやめるのもなんだしな、と続けていたら……。

お社の左右から、餓鬼《がき》？　みたいな、小柄な鬼？　みたいな妖怪が1体ずつぴょこんと出てきました。130センチくらいの身長です。

背中が曲がっていて、でも、なんと言いますか、おじいさんみたいに老化で曲がりました、という感じではないです。膝も前方に曲がっていて、なんだかしんどそうな姿勢です。その小鬼が2体目の前にいるのです。えっ？　鬼？　鬼だよなぁ？　と、よく見ようと思ったら、スッと消えました。

「へ？　なんやったん、今の？　なんで出てきたん？」と、狐につままれたような気分でした。それからそのへんを歩きまわり、写真を撮ったりしつつ、奥のほうへ行くと不動岩がありました。大きな岩です。岩は登れない高さだったので脇から登り、そのまま山の奥深いところをいろいろと探検しました。岩の上に木がしっかりはえていたりして、不思議な景色もありました。

そこで、さぁ、帰ろうと思ったら戻る方向がわかりません。道がないため自分がどっちから来たのかよくわからないのです。完全に迷いました。

これはちょっとマズイ状況になったな、と思いながら、それっぽい方向に歩いていたら、いきなり「そっちじゃない」と、持っていた傘をビィーンと引っ張られました。さきほどの小鬼です。

「こっち、こっち」と言うので、そちらへ行くと正しい方向で、無事に不動岩に戻ることができました。違う方向に下りていたら、車に戻れなかったと思います。危なかったです。

「助けてくれて、ありがとう！」と、声に出してお礼を言うと、

「すべるから、気をつけて」などと助言をしてくれます。鬼が、です。どうやら、小鬼はいい鬼のようです。でも、本当は鬼ではなく、もとは人間だったという可能性も捨てられず、昔の村人の霊かな、とも考えていました。亡くなってからここを守っているのかもしれません。そこで、

「村人？」と聞いてみたのですが、返事はありませんでした。

やっぱり鬼なのか？　こんな小さな、しかも年寄りくさい姿の小鬼とかいるのかな？　村人じゃない？　と、しつこく考え、もう一度「村人？」と聞いたのですが、やはり無視されました。

「せっかくはえたツノが溶けるー」

この山は岩があちこちにゴロゴロあって、一見、神様の山なのですが、神様はいません。神様という雰囲気の山ではないのです。

山を下りながら、くるっと振り向くと後ろから小鬼が2体ともついて来ています。ついて来る、と言っても彼らは歩いていません。飛び跳ねて進むのです。スキップとも違います。ぴょんぴょんと跳ねるようにして前に進みます。

私とはちょっと距離を置いて、後ろからついて来ていました。私も気になるので、後ろを見つつ歩きます。すると、彼らは日が当たっている場所には出ないことがわかりました。うまく避けて、日陰しか通りません。この日は曇っていたのですが、時折まぶしく日が射していました。彼らは木陰をぴょんぴょんと飛び跳ねてついて来ます。

道一面すべて日だまり、というところはそこから先へは来ませんでした。日陰部分でぴょんぴょんしています。仕方がないので、私も立ち止まり再び曇るのを待ちました。

「ねぇ？　もしかして鬼？　わからないから教えてくれる？」とお願いをすると、ちょうど太陽が隠れて、彼らはぴょんぴょんとそばまで来ました。

見ると、ちゃんとツノが2本あります。とっても小さな円すい形のツノです。うわぁ、やっぱり鬼なんだ〜、とそこで確認ができました。

「どうして日が当たるところに出ないの？」

「ツノが溶けるから」

は？　溶ける？　いやいやいや、言ってることがおかしいおかしい、そんな硬いものがアイスクリームみたいに溶けるわけないやん……と思ったので、

「ツノが溶けるわけないやろ？」と聞き返すと、

「溶けるぅー」と言います。

「硬いやろ？　ツノは。溶けないと思うよ？」

「せっかくはえたツノが溶けるー」

そう言ってツノをかばうようにして、2匹の小鬼はぴょんぴょんと飛び跳ねて山に帰っていきました。雲間から太陽が顔を出したからです。

「あっ！　ちょっとー！　小鬼くんたち、待ってぇー、まだ聞きたいことがあるんだけど～」と声をかけましたが、2匹はあっという間に行ってしまいました。お天気がどんどん回復していたので、急いで戻ったようです。

生まれて初めて見た小鬼です。あの山にしかいないのか、遠野だったらいるのか、いや東北にはいるものなのか……謎だらけです。

私が山で迷子になるところを助けてくれましたから、悪いものではありません。すべるから気をつけてね、などと優しいことも言っていたのです。けれどツノがありましたから、鬼には違いなく……いい鬼だと思います。いい妖怪かもしれません。なんだか憎めない可愛らしさがありました。チャンスがあれば、もう1回会いに行きたいと思います。

力の強い穴場の神社

程《ほど》洞《ほら》稲荷神社〈岩手・遠野〉

　このお稲荷さんのことは現地に行くまで知りませんでした。五百羅漢《ごひゃくらかん》を見て、そのまま山道を走っていたら、右手に赤い鳥居がありました。こんな山の中にお稲荷さんがあるのか〜、と通り過ぎる時に鳥居を見ると、非常に強いご神気が流れていました。

　遠野には見るべきところがたくさんあるため予定は詰まっています。参拝をすると時間が足りなくなるのでどうするか悩みましたが、タイミング良く駐車スペースがあったので車を寄せました。

　一般的な神社のように、鳥居のすぐ向こうにお社があるもの、と思ったので参拝したのですが、予想に反して結構山道を登りました。しかも、登り始めて少し進むと雪が積もっていて（3月末でした）、上に行くにつれて雪はガチガチに凍っており、氷の表面を歩いているようで、つるつるすべりながら歩きました。

神社の境内は少し荒れており、参拝に訪れる人が多くないことがひと目でわかります。境内社……という表現は違うかもしれません。内部が2つに仕切られている大きめの祠のような建物がありました。

神社の入口にあった説明板に「烏神」は婦人病に霊験がある、と書かれていたのですが、左側がその烏神様のようです。覗かせてもらうと、ヤタガラスの大きな絵が掲げられていて、その下に熊野那智大社の〝烏牛王《からすごおう》神符〟（護符です）が飾られています。その下には神棚に載せるようなお社が3つほど置かれていましたが、中は空っぽでした。残念ながらヤタガラスはいませんでした。

右側は、東北地方で「コンセイ様」と呼ばれる、男性器の形をしたものが20個ほど奉納されていました。こちらも神様はいませんでした。

拝殿は朽ちかけていますが、お稲荷さんはちゃんとおられます。転々と神社を変わってきたお稲荷さんの歴史が見えました。勧請を繰り返されて、最終的にここに来た、みたいな感じです。もとは伏見にいたそうです。この神社がまだ神仏習合だった時代は境内社として小さなお社にいたようですが、神仏分離でご祭神になったみたいです。

力は強いです。少し前までは多くの人が参拝していたそうですが、今はあまり来ないのだと言います。本殿は美しい彫刻が施されていて、山の中のお社にしては豪華です。眷属もちゃんといますから、昔は人々のお願いを多く叶えていたのではないかと思いました。

コンセイ様へのお願いはなぜ叶うのか？

本殿のお社前に安置されている狛狐には眷属が入っていました。なんとか写真に収めたいと思いましたが、そこはガラスで囲われています。ガラスが反射するためうまく撮影ができません。しかもガラスの汚れがひどく、高い位置になっているので、なおさら撮れないのです。

なんとしてでも撮らせていただきたい、と思った私は、足場が悪いせいで転びそうになりながらも近くまで寄り、背伸びをしてみたり、ガラスにペターッとくっついてみたり、「撮れんわー」と反対側にまわってみたりもして、「くぅ〜、写らへんやん」と一人でブツブツ言っていました。すると、

「お前はどこの神社でもそのようなことをしているのか？」と、お稲荷さんに聞かれまし

た。

「はい。どこに行ってもこんなことをしています」

しれっと答えると、お稲荷さんはなぜか大爆笑をして、

「上から撮ってみよ」とアドバイスをくれました。

その通りにバンザイをした格好で上から撮影するとちゃんと写りました。

「あ〜、良かった。これで全国の人に見てもらうことができます」

そう言うと、お稲荷さんはニコニコしています。

「向こうにも社があるぞ」

お稲荷さんのアドバイスで撮影できた狛狐

見ると、大きな岩がある場所に鳥居が作られています。せっかくなのでそちらも写真に収めました。

「あの〜、コンセイ様とかいうアレですが、別のところではコンセイ様が婦人病に効く、となっていました。本当でしょうか？　なぜ婦人病に効くのか……意味がちょっと……」

するとまたお稲荷さんは楽しそうにくすくす笑って、

「叶えているのはワシらだ」と言います。人々がコンセイ様に向かって、一生懸命お願いしているのを聞いたお稲荷さんと眷属が叶えてあげているそうです。

境内の石段も見事に凍っていて、しかも石段が全体的に手前に傾いていました。ですから、上る時はつるりんとすべると、前に倒れて石段の角で顔を打ちそうでした。下りる時は凍った石段が下に向かって傾いていますから、ものすごーく怖かったです。つるっとなると、後頭部を思いっきり強打して、そのままズザザーッと下まで落ちそうなのです。こ、怖いっ！　と恐怖感が半端なかったです。

「お稲荷さん、守って下さい。こんなところでツルンコしたら頭を打って気を失って、そしたら朝まで誰にも発見されず、いや待って、朝だからといって人が来るわけじゃないから、昼？　数日後？　まで、そのままで……そんなに長くひっくり返っていたら、凍死しますー」

「そんなことになるわけがないだろうが」

「ワシらの境内で、そんな理由で人を死なせるか！」

眷属が笑いながら楽しいツッコミを入れてくれます。

「石段ではなく、その横を歩け」

石段の横は雪の下が草なので凍っていても（若干すべりますが、石段よりマシでした）、ザクザク歩けます。それでもすべって尻もちをつきそうな気がして、「すべるかもー、怖いぃー」とギャーギャー言いつつ下りました。

こいつが転んだらワシらのせいになって迷惑千万、と思ったのか、眷属がガッチリ守ってくれたので、ここだけでなく参道の山道でもすべらずに無事に下りることができました。

ここの手水は聖水だった

明るくて陽気なお稲荷さんです。眷属も面白いです。神様も眷属も、アッハッハー、とカラッとした雰囲気でよく笑っていました。参拝に来てほしい、などとはひとことも言いませんでした。山岳系のお稲荷さんだからかな？　と思いましたが、何人か地元の人が熱心に信仰しているのかもしれません。

下りる時に天然水の手水《ちょうず》をチラッと見て、スルーしようとすると、

「手を清めて帰れよ」とお稲荷さんが言います。

えっ！　冷たそうなんですけど！　と思いました。水は流れていましたが、そのまわり

がガビガビに凍って氷になっているのです。ガビガビの氷から出ている水ですから、脳天までキーンとくる冷たさに違いありません。嫌だな、と思いました。

は？　それって、識子さん？　手を清めずにお参りしたってことですか？　という質問があちこちから飛んできそうです。ええ、そうです、清めずに参拝しました。キンキンの水に手をひたす勇気はありません。

手は清めても清めなくても、臨機応変にしてOKなのです。汚い水だったり、凍っていたりすればスルーしてもまったく問題ありません。キレイな水が絶えず流れているような手水舎だったら、厳しい眷属が「こいつは、モー」程度の不快を示すかもしれませんが、そんなに大きな失礼ではありませんから心配いらないです。

冷たいからやっぱパスだな、と思っていると、

「五百羅漢に行っただろう？」と聞かれました。

「ええ、行きました」

「清めておけ」

なんで？　どうして？　と疑問が湧きます。

「悪いものはいなかったように思いましたけど……」

「ちょっとひたせばいい」

何かが乗っていたのかもしれませんが、自分ではまったく気づいていません。言われる通りに手をひたしてみたら……お不動さんが守っているこの手水は、なんと聖水でした。

山の中ですし、遠野といっても中心部ではありません。参拝客もほとんどいない、さびれたお稲荷さんに思われるかもしれませんが、いい神社です。久しぶりに神様と眷属に笑わせてもらいました。

まだまだある、遠野の見どころ

オシラ堂やカッパ淵、遠野の早池峰神社

遠野は見どころ満載です。「伝承園」では千体のオシラサマが展示されているオシラ堂が迫力ありました。オシラサマとは、東北地方で信仰されている神様です。棒の先に男女の顔や馬の顔を描いたり彫ったりしたものに布の衣を着せています。それが千体ですから、見応えがありました。私的には古い時代のお風呂とトイレが興味深かったです。古民家の中にある神棚も「ほ〜」という感じで勉強になりました。

「カッパ淵《ぶち》」は、昔は妖精や妖怪がいたのではないか、と思える川でした。川幅がもっと広くて水深も深く、水質も今よりもっと良かった昔は、民家なども近くになかったでしょうから、本当にカッパがいたかもしれません。

今でも水はとてもキレイです。見ていると、変な回転をしたり、変な流れ方をしたり、妖力というか、そのような力が残っていました。普通の川ではなかったです。夜に行くと何か見えたかもしれないな〜、と思います。

「遠野ふるさと村」は、タイムスリップしたような感覚で見学できて楽しかったです。

遠野にも「早池峰神社」があります。神様は同じ早池峰山の山岳系神様ですが、こちらの神社を守っているのは大天狗さんとカラス天狗さんです。祝詞を唱えると、早池峰山から大天狗さんが、薬師岳か

東北地方で信仰されているオシラサマ

らカラス天狗さんが飛んできました。2つの山に、別々に住み分けているのだそうです。

大天狗さんが、「(早池峰山の)神を呼んでくるか?」と聞いてくれました。山でお会いしたかった私はお断りしましたが、ここで呼んでもらえるようお願いをすれば、山から神様が来てくれるみたいです。登山をしなくても、山のふもとまで行かなくても、早池峰山

の神様とお話ができる場所となっています。この神社には多くの眷属が待機していました。早池峰山は中岳《なかだけ》、鶏頭山《けいとうさん》と山が連なっています。しかし、神様は1柱だそうです。早池峰山の向かいに薬師岳がありますが、別の神様がいるわけではなく、薬師岳も早池峰山の神様のテリトリーだそうです。

私が遠野でここは外せない！　と思った「笛吹峠」は3月に行った時も、6月に行った時も通行止めでした。夏に行った時も調べてみたら、まだ復旧していませんでした。ですから、訪れていないです。いまだ謎の峠なのです。山中にて必ず山男山女に出遭う、と遠野物語に書かれている場所なので、またいつか行ってみたいと思います。

馬の神社で出会った不思議な青年

荒川駒形神社〈岩手・遠野〉

馬の神社です。ご祭神が「蒼前《そうぜん》駒形明神」となっており、馬の守護神だということです。境内にある案内板には、このように書かれていました。

【昔この地は小国、宮古方面への通路で交通量も多かったが、この神社の前を通るときは、乗馬者は必ず下馬して礼拝して通ったといわれる。（中略）伝説によれば、東禅寺の無尽和尚が祈願したところ、早池峰山の神霊が白馬に乗って現われた。無尽和尚がそのお姿を書き写そうとしたが、写し終わらないうちに消え去り、白馬の片耳を写しかねてしまった。この片耳の欠けたままの馬の絵を東方に祭ったのが、この駒形神社であるという。又、阿曽沼氏の牧場があった頃、ここに年老いた白馬がいて、ここを他の馬が通りかかると、戦いをいどんで追い返し通さなかったので、この白馬を祭神の化身といったとも伝えられて

いる。】

車で上のほうまで登って行けます。山の中というほど奥まったところではありませんが、山です。周辺に民家はありません。境内に入ると、鳥居が並んだ参道が左右に分かれていました。休憩所のような社務所のような小屋をくぐると（真ん中が通路になっています）、鳥居があって石段が上へと続いています。石段を上がると、拝殿が目の前です。

拝殿後方には本殿があり、拝殿の正面や側面の壁には剣の形をしたものがたくさん飾られていました。馬の写真などもたくさんありましたが、やはりちょっと朽ちかけていました。

祝詞を唱えてみたら……社殿の横から、驚くことに本当に馬がぞろぞろと出てきます。神馬じゃないです。神様の眷属としての馬でもありません。地上で生きていた馬が死んで、そのままあちらの世界にいます、みたいな馬なのです。

どういう仕組みなのだろう？　と疑問に思いました。動物は自然のサイクルに属していますから、死んだらその中に溶け込んで、また生まれ変わるはずなのです。どうして個体の魂としていつまでも残っているのか……。

死んでからも馬の世話がしたかった

不思議だ、と思いながら祝詞を唱え終えると、私の右側に人がいました（あちらの世界の人です）。急に現れたので腰を抜かすかと思うくらい驚きました。

背が低い男性です。すごく粗末な服を着ていて、あの～、お風呂はいつ入られましたか？　と思わず確認したくなるくらい汚れています。いつの時代の人だろう？　と思って見ていると、

「オラ、29歳」と明るく言います（私にわかるように標準語に近い言葉にしてくれています）。

「はぁ……」

「馬の世話が仕事だったんだ～」

「そうなんですね～」

この方は、馬が好きで好きでしょうがなかったそうです。ものすごく馬という生き物を愛していたそうで、死んでからも、馬の世話がしたい！　と、ここに来たと言うのです。ここにはたくさん馬がいて、人々が多く参拝していたから……と語ってくれました。そこで私が、

「神様になったのは……」と話そうとしたら、

「神様？」とキョトンとして聞き返します。

「あれ？　神様じゃないんですか？」

「オラ、神様なんかになってない」

あ、ホンマや、と思いました。よく見ると違うのです。

「ほ？　じゃあ、なんでここにいるんですか？　神様修行じゃないのなら……」

「馬の世話をしてるんだ～」

えーっ、本当にそれだけなんだー、とビックリ仰天です。なんて純粋な！　とも思いました。

「あれ？　でも、和尚さんがナンタラ明神を祀ったと書いてありましたよ？　ナンタラ明神がおられるのでは？」

そう質問をすると、神様はここにはいない、と言います。馬はたくさんいるそうです。

馬のお願いごとならこの神社

待って待って待って、と私は混乱しました。馬は自然のサイクルだから、死んだらそっ

ちに溶け込むはず……。どうしていつまでも個体の馬の魂でいられるのか……と、そこを突っ込んで聞くと、

「馬も丁寧に祀られれば、そのまま残る」と教えてくれました。

馬を大事にしていた飼い主が、「自分たちのためによく働いてくれたね、ありがとう」と感謝をし、丁寧に供養をする、そしてこの神社に祀られる、そのようにされた馬は個体の魂として残っているそうです。

その馬が結構いました。頭数まではわかりませんでしたが、少なくないです。多くの馬がいるから、その馬たちの世話をしよう、と思って青年はここに来たというわけです。

そうか、そんなに動物が好きだったのか〜、と思ったら、生前に働いている姿も見せてくれました。大変粗末な服で、汚れまくって馬の世話をしています。でも、瞳はキラキラしていて楽しそうです。ああ、良い人生だったのだな、と思いました。

では、そろそろおいとまをしよう、と歩き出すと、

「もう帰るのか？」と、馬の背に乗って、さらに後ろに馬を何頭か従えてついて来ます。

「ええ、帰ります」

「オラ、久しぶりに人と話した」「楽しかった」と、青年は嬉しそうにニコニコしていま

す。馬と一緒にいるから寂しくはないそうです。しかし、時々人と話したくなるのだそうです。車のところまで一緒に歩いて、見送ってくれました。

「気をつけて」

「ありがとう」

「それがお前の馬か？」

「そう。借りてるんですけどね」（レンタカーなので）

青年は弾けるように笑って、社殿へと戻っていきました。

「オラ、～なんだっ！」「ああなんだ、こうなんだ」と、私に語りかけるその雰囲気は、少年がそのまま大人になったような方でした。馬の世話が〝仕事〟だと言っていたので、大きな家に下働きとして雇われていたのでしょうか？　でも、それでも楽し

かった人生のようで、文句も悔いもないみたいでした。私はこの方のことを心から、素敵だな〜、と思いました。

この神社に神様はいませんでしたが、馬はたくさんいました。その馬たちは神様ではありません。しかし、馬たちは生きた馬を守ることができます。馬を飼っておられる方は、馬のことをお願いしたい場合、ここの神社に行くといいです。守ってくれます。馬専門です。

お世話をしている青年は何も言いませんでしたが、お饅頭などを一つでもお供えしてあげると喜ぶかな、と思います。神様になっていませんから、お酒ではなく、美味しいものがいいと思います。あ、ついでに、ベラベラと話しかけてあげるともっと喜んでくれます。

岩手で出会った座敷わらし

家に住みつくと裕福になるらしい

白ヘビの神様がいる早池峰神社から恐山まで行く計画を立てていて、この距離を運転するのはしんどいかな〜、と思った私は、新花巻から新幹線で八戸まで行き、そこからレンタカーで走ることにしました。

前泊を八戸にしたので朝早くに出発をすれば、恐山に行く前にどこかの神社かお寺に参拝できそうでした。八戸から1時間のところにある青森県新郷村《しんごう》には「キリストの墓」があるそうですし、その近くには「大石神《おおいしがみ》ピラミッド」と呼ばれる巨石もあって、なんだか面白そうです。その2ヶ所に寄ってから恐山に向かう予定にしました。

八戸のホテルに到着して翌日のルートを確認していたら、座敷わらしの神社がある、という情報が飛び込んできました。ほ〜、座敷わらしの神社かぁ……と考え、え？　それってどういうこと？　と、意外な組み合わせに疑問を持ちました。妖怪がご祭神というわけです。

座敷わらしは、東北地方にいる子どもの妖怪として有名です。妖怪がどのような経緯で神社に祀られているのか……不思議です。座敷わらしの言い伝えがある東北地方なので、後づけで神社を作ったのかな？　と、失礼なことも考えました。

神社は旅館の敷地内にあると書かれていたため、旅館が作ったのかな、行っても空振りに終わりそうだな、やめとこ……と、計画の変更はしませんでした。

しかし、翌朝目覚めると、なんだかやっぱり気になります。その情報が頭から離れません。朝食を取っている間も、身支度をしている時も、座敷わらし座敷わらし座敷わらしの神社、とエンドレスでグルグルまわるのです。ここで自分の直感を無視したら、結局いつの日かまた参拝をするためだけに八戸に来ることになりそうだと思いました。熟考した結果、キリストの墓をあきらめて座敷わらしの神社に行くことにしました。

この時の私の知識は、座敷わらしは妖怪で、この妖怪が家に住みつくと家が栄えて裕福になるらしい、とこれだけでした。ですので、なぜ神社に祀られているのかという謎よりも、妖怪を見てみたい、というのが本音でした。

亀麿神社は見えない世界の子どもでにぎやか

旅館の名前は「緑風荘《りょくふうそう》」といって岩手県二戸市にあります。ナビの誘導で旅館はすぐにわかったのですが、神社が見当たりません。駐車場を奥のほうまで見せてもらいましたが、神社がないのです。レンタカーのナビもスマホのナビも、神社はここだと示しています。

見当たらないということは敷地内ではなくて、建物内なのだろう、と思いました。私は宿泊するお客さんではありませんから、図々しく旅館の玄関に入るのはためらわれます。座敷わらしの神社を見せて下さい、とはどうしても言えないのです。根が小心ですから。ここはあきらめるしかないと思いました。

わざわざ来たのに無駄足だった……と、ガックリうなだれていると、かすかに子どもの明るい笑い声が聞こえます。見えない世界での笑い声です。それは旅館の裏のあたりから聞こえていました。

あれ？　まさか、本当に座敷わらしがいるのかな、と声がするほうへ歩いて行くと細い道の入口に案内板がありました。「あ、ここから入るんだ～」と道を入ると、旅館の裏手の道から参拝できるようになっていました。

神社の名前は「亀磨神社」です。神社といっても、境内は狭いです。庭の一角に作りました、という感じです。お社は2つあって、向かって右側が亀磨神社、左はお稲荷さんでした。

亀磨神社のお社のほうには、男の子と女の子の2柱の子どもがいました。

「うわぁ！　本当に子どもの神様がいるんだ！」と、思わず見つめ倒してしまいました。

とりあえず祝詞を唱えると、男の子と女の子はお社の空間から大きくなって出てきて、それからしゅ〜っと小さくなりました。それと同時に、眷属？　でしょうか、ミニサイズの子どもが15人ほど両側から、わらわらと出てきました。

子どもたちは境内で遊び始めました。この境

内で、みんなと遊ぶのが大好きみたいです。境内には数本の木があって、そのうちの1本がお社前から鳥居に向かって横に伸びています。その木に登ったり、横に張り出した枝に腰掛けたり、ぶら下がったり、非常に楽しそうに遊んでいました。新しい狛犬像が置いてあって、その上にも乗ったりしていました。この日はあいにくの雨でしたが、子どもたちの高い波動で雨でも境内は明るかったです。

気に入った参拝者にはついて帰ることも

私が見た感じでは、平安時代とかそのような古い時代の姿ではなく、室町〜江戸時代あたりのように思いました。鎌倉時代以降だと思います。発している波動からすると、妖怪ではなく、神様っぽいです。神様系の力を持っています。しかし、この子どもたちが神様修行をしたとは思えません。幼くして亡くなった子どもが修行をして神様になるというパターンもありますが、どうも違うのです。

そこにしばらく一緒にいてじっくり見ていると、どうやら、もともと力のある自然霊が子どもの姿をしているようでした。ですから、妖怪という言い方もあながち間違ってはいないのです。もっと波動に合わせた言い方でいうと「妖精」「精霊」でしょうか。力が強い精霊です。

子どもたちは気に入った人がお参りにくれば、その人について行き、その人の家に住みつくようです。好奇心旺盛なのです。遊ぶことが好きという点もそうですし、好奇心が旺盛な部分も、子どもの特徴と一致しています。だから子どもの姿に見えるのかもしれません。

座敷わらしはこの神社限定ではなくて、他にもいるようでした。東北だけにいる精霊なのかどうかは、まだちょっと断定はできませんが……本当に実在する存在だったのです。家を守る力が強い精霊ですから、ついて来てくれたら神様が家に来るようなものです。家を守ってもらえますし、家が繁栄します。しかし、未来永劫いてくれるわけではなく、しばらくすると自分がもといた場所に戻ります。

見えない世界の存在は、時間の感覚が人間とは異なりますから、30年でも50年でも長いと感じることはありません。神社の眷属などが、修行の一環としてどこかの家に行ったり、誰かに一生ついて守る場合、「ちょっと行ってきま〜す」程度の軽い感覚です。

しかし、子ども姿の精霊は違っていて、長く出かけるのが好きではないようです。早く戻ってみんなと遊びたいからです。誰かを、またはそこの家を一生守るという感じではないため、滞在が長くなってくると途中で「バイバイ」と、あっさり帰ったりします。

座敷わらしは楽しい家が大好き

家を大きく繁栄させるためには、精霊をどれだけ長く引き止められるか、がポイントになります。子どもの姿をしているのは、子どもと特性が似ているということですから、滞在している家のほうが楽しければ、もといた場所に戻りたいとは思いません。いかに楽しく過ごさせてあげるか、が幸運を持続させるコツになります。

感覚が子どもですから、楽しいとか、明るいとかそういう雰囲気が好きです。お金が入って裕福になると、家の人がにこにこと機嫌が良くなる……それは精霊にとって、とても居心地がいいのです。家にいる大人が、心に余裕があってにこにこと嬉しそう、楽しそう、家が明るい、となれば、もっと金運をアップさせます。もっともっと潤うようにして、家の人が上機嫌で過ごせるようにします。それは、家の人のためではなく、自分の居心地の良さのため、なのです。ここが座敷わらしに去られないポイントになるかと思います。

亀麿神社では、誰かについて行ってもいい状態の精霊は15柱ほどでした。メインの男の子と女の子はついて行きません。

この神社に参拝に行って、座敷わらしが家までついて来たようだ、と感じたら、ちょっとした臨時収入、ほんの少しの昇給でも、大喜びするといいです。大喜びしてにこにこと機嫌良く過ごしていると、その状態が心地良い座敷わらしはもっと家が栄えるようにしてくれます。ラッキーなことがあれば、いちいち喜び、日々ににこにこしていると、座敷わらしは出て行きません。たまに神社に戻って他の子と遊ぶかもしれませんが、居心地の良い家に帰ってきます。

亀磨神社にはお稲荷さんもいました。隣にあったお稲荷さんも、なんと！ 子どものお稲荷さんでした。サイズが小さいのではなく、眷属で力が弱いから子どもに見えるのでもなく〝子ども〟のお稲荷さんなのです。大変珍しいです。お稲荷さんも精霊の子どもと一緒に遊んでいました。

子どもの声が響く、波動の高い良い神社でした。またどこか、別のところで座敷わらしを見かけたらご報告したいと思います。

最後に、旅館「緑風荘」のホームページに書かれている座敷わらしの由来を転載しておきます。

【およそ670年くらい前の南北朝時代。当家の先祖である藤原朝臣藤房（万里小路藤房）

は、南朝の後醍醐天皇に仕えていました。しかし、南北朝戦争において南朝は敗北し、北朝の足利軍に追われ現在の東京都あきる野市に身を隠しました。その後、さらに北上を続け、現在の岩手県二戸市にたどり着きました。道中、二人連れていた子供の内、当時6歳だった兄の亀麿が病で倒れ幼き生涯を閉じました。その際『末代まで家を守り続ける』と言って息を引き取ったそうです。その後、守り神〈座敷わらし〉として奥座敷の槐《えんじゅ》の間に現れるようになったと言い伝えられています。その姿を見たり、不思議な体験をした人は大変な幸運（男＝出世　女＝玉の輿）に恵まれると伝えられ、実際座敷わらしに出会った人には必ず良い事があったそうです。】

おわりに

私が訪問介護の仕事をしていた時のお話です。

会社の近くにスポーツクラブがありました。数名の利用者さんのお宅へは、そのスポーツクラブの前を車で通るルートで行っていました。

スポーツクラブの建物は歩道ギリギリに建っていて、地下駐車場からの出口は道路に面していました。駐車場から出庫する車はすごい角度で地上に上がってくるため、歩道と道路の安全確認がしづらかったと思います。そのため、警備員の人が車の出入口に1名配置されて、入庫・出庫の誘導をしていました。

警備員の方は日によって、また時間によって変わっていました。数名でローテーションを組んでいたようです。その中に女性が1名いました。年齢は40歳くらいでしょうか、そんなに若くはなかったです。

やや短めのヘアスタイルで、さっぱりした印象の女性でした。男性の警備員は、しんどそうにしていたり、片足に重心を乗せてバランス悪く立っていたりしたので、やる気がなさそうに見えました。しかし、女性はいつ見ても背筋をピンと伸ばして、ピシッと立っていました。姿勢が美しかったです。

なぜ、そんなにしっかり観察をしていたのかと言うと、この道は渋滞が多かったため、ノロノロ運転をしながらスポーツクラブの横を通るからです。その先には信号があって、スポーツクラブの前で停車もよくしていました。

女性は真夏の炎天下でも長袖のユニフォーム（それも超厚手でした）をきっちり着用していました。エアコンをガンガンに利かせた車内から見て、地獄のように暑いだろうなぁ、といつも思っていました。それでも袖をまくるようなことはせず、姿勢を崩すこともなく、ピシッと立っていたのです。

私だったら……絶対に腕まくりするだろうな、と思いました。熱中症になることを思えば、叱られても体を優先すると思います。暑いわ〜、やってられへんわ〜、と、だらけた姿勢で立つに違いない、文句も際限なく言うだろう、とも思いました。

そこを考えると、彼女の仕事の仕方は学ぶべきものがありました。

ヘルパーで訪問するお宅は高齢者さんばかりです。エアコンを使用しない家がほとんどです。外気温と変わらない……どころか、風が通りませんから、それ以上に暑い室内で、決められた時間内に多くのことをこなさなければなりません。利用者さんの中には、ヘルパーは使えるだけ使わないと損、と考える人もいて、そのようなお宅では下着だけでなく、ポロシャツもズボンもプールにでもつかったかのように、汗でびしょびしょになっていました。

そのようなお宅にサービスに行く時は、「あー、あそこの利用者さんちは3倍動かなきゃいけないから、嫌だなぁ」と気分が暗かったのですが、スポーツクラブの前で長袖でもシャキッと頑張っている彼女を見ると、ブーブー文句をたれまくっている自分が恥ずかしかったです。私も胸を張って「自分の仕事を頑張っている」と言えるようにしよう、と気持ちを切り替えることができました。

私は姿勢が悪いので、丸くなり放題で運転をしていて、「あ、私、丸まってた！　背筋を伸ばさなきゃ！」と、彼女の美しい立ち姿を見て姿勢を正したりもしていました。

そんなある日の夜、スポーツクラブの前を歩いて通ることがありました。彼女が誘導員として駐車場出入口に立っています。手前から歩きながら見ていると、地下駐車場から1台の車が出てきました。彼女は歩道に人がいないことを確認して、歩道の端まで車を出すよう身振りで指示します。次に渋滞で停車している車に頭を下げます。1台、割り込ませてね、という合図です。

渋滞している車が動き出して、彼女に頭を下げられた車が道を譲ったため、地下駐車場から出た車はスムーズに道路へと割り込むことができました。

「ご協力、ありがとうございましたっ！」そう言って彼女は去っていく、譲ってくれた車に深々と90度頭を下げていました。

そこまで丁寧にしていたのか……と、見ていた私は驚きました。頭を下げているところは見たことがあるのですが、エアコンをガンガンにつけているし、まわりの騒音で声までは聞こえなかったのです。

この時は夜だったため、出庫する車が続いていました。彼女は聞こえていないと思われるのに、譲ってくれたすべての車に対し、声を出してお礼を言い、丁寧にお辞儀をしていました。


この日以来、仕事とは何か……ということを、真剣に考えています。生活費を稼ぐ手段として仕事をしているわけですが、仕事の意味は果たしてそれだけなのか……。多くの人が夢だった職業、やりたかった仕事に就いていないと思われます。食べるために仕方なく今の職場で働いているという人は多いのではないでしょうか。

しかし、いくら生活のために働いていると言っても、無理やり誰かに「この仕事をしろ」と押し付けられたわけではないと思います。自分で選択し、面接を受けています。選べる範囲の中で、これがいい、と選んでいるわけです。

一部の人を除き、人は働かなければ食べていけません。働く、ということを天はどのように見ているのでしょうか……。

誘導員の彼女は仕事に誇りを持っていたのだと思います。

これは、昔勤めていた会社の社長に聞いたお話です。社長は、アメリカ旅行でデパートにスーツを買いに行きました。何着か試着をする時に、店員さんがあれこれとアドバイスをしてくれました。「シングルはとても似合っているけれど、ダブルは全然似合っていないよ」と。

社長にはダブルが良く見えたし、ダブルのほうが高額だったのでそちらを買おうとすると、店員さんが「売ることはできない」と言います。

ダブルのほうが値段が高くて、売り上げもあがるのにどうしてだ？　と聞くと、店員さんは「自分はこの仕事に誇りを持っている。明らかに似合っていない服を売ることはポリシーに反する」と言ったそうです。その言葉に感動した社長はシングルを買ったということでした。

私にも同じような体験があります。関東に引っ越しをして、新宿の某高級家具店に元夫とデスクチェアを見に行きました。非常にラフな格好で……正直に言うと、スーパーで買った安い服でふらっと入りました。入ってすぐに場違いだと気づきましたが、見るだけだから……と試し座りをしていたら、店員さんが来られました。質の良いスーツをピシッと着こなしている店員さんです。

明らかに冷やかしとわかるような、いでたちの2人だったのですが、店員さんは丁寧に説明をしてくれて、椅子の調節などもしてくれました。こちらの質問にも親切に答え、あやふやなところは徹底的に調べてくれました。服装でお客を判断する、見下す、そのような部分は一切ありませんでした。

この方も自分のお仕事に誇りを持っておられたのだと思います。非常に高価なデスクチェアでしたが、買うならこの人から買いたいと思った私は、その場で購入しました。

京都の豊国廟《ほうこくびょう》にいる豊臣秀吉さんに強運になるコツを聞いたことがあります。運を逃さないためには、「与えられた場所で精一杯働く」「人の2倍、3倍働いて当たり前（時間の長さではなく、質の話です）」と言っていました。

仕事は手を抜こうと思えばいくらでも手抜きできます。就職した時は、「よし！ここで頑張るぞー！」と張り切っていたのに、慣れてくるとアラを探してブーブー文句を言ったりします。そのように愚痴をタラタラ言っている人に強運がまわってくるとは思えません。

秀吉さんのアドバイスでいくと、せっかく運がやってきても、そのような人は逃してしまうそうです。

与えられた場所で精一杯働く、どんな仕事でも自分の仕事に誇りを持つ、人の2倍も3倍も質の高い仕事を心がける。そのように真摯に生きていると、運も神仏も味方をしてくれます。

運や神仏が味方につけば、道は徐々に明るく、大きく開けていきます。まずは、基本的なそこから始めてみるのもいいのではないかと思います。見ていないようで、天はしっかり見ているからです。
天も運も神仏も……すべてが微笑んで味方をしてくれる、そのような人生を手に入れるのは、実は簡単な心がけ次第だったりするのです。

桜井識子

ブックデザイン　小口翔平＋喜來詩織（tobufune）
カバーイラスト・本文イラスト　佐々木奈菜
ＤＴＰ　河野真次

桜井識子　さくらい・しきこ

一九六二年広島県生まれ。霊能者の祖母・審神者の祖父の影響で霊や神仏と深く関わって育つ。神仏と繋がって得た神仏界の真理、神社仏閣参拝の恩恵などの情報を広く伝えている。神や仏を感知する方法、ご縁・ご加護のもらい方、人生を好転させるアドバイス等を書籍やブログを通して発信中。『神様、福運を招くコツはありますか？』（小社）、『神仏のなみだ』（ハート出版）、『「山の神様」からこっそりうかがった「幸運」を呼び込むツボ』（宝島社）、『聖地・高野山で教えてもらった　もっと！　神仏のご縁をもらうコツ』（KADOKAWA）など著書多数。

桜井識子オフィシャルブログ　～さくら識日記～
https://ameblo.jp/holypurewhite/

神様が教えてくれた金運のはなし
直接きいてわかった開運あれこれ

２０１８年２月10日　第１刷発行
２０２１年７月５日　第７刷発行

著　者　桜井識子
発行者　見城 徹
発行所　株式会社 幻冬舎
〒一五一―〇〇五一　東京都渋谷区千駄ヶ谷四―九―七
電話　〇三（五四一一）六二一一（編集）
　　　〇三（五四一一）六二二二（営業）
振替　〇〇一二〇―八―七六七六四三
印刷・製本所　中央精版印刷株式会社

検印廃止

ISBN978-4-344-03252-1　C0095
幻冬舎ホームページアドレス　https://www.gentosha.co.jp/
この本に関するご意見・ご感想をメールでお寄せいただく場合は、comment@gentosha.co.jpまで。